Amandine Greiner

LONDRES

Secrets de Londoniens

prat éditions

Direction éditoriale : Anne-Laure Marie
Édition : Dominique Poussielgue
Coordination éditoriale : Maud Taïeb
Conseil en conception éditoriale : Sylvie Dumon-Josset
Correction : Carole Fossati
Relecture : Laurence Petit
Conception graphique : Julien Josset
Couverture : Lise Brillaud
Composition : Maryse Claisse

Photographies des portraits : Régis Grman
Illustrations : Lise Herzog

SAS au capital de 4.099.168 euros
Siège social : Forum 52 – 52, rue Camille-Desmoulins
92448 Issy-les-Moulineaux Cedex

Président : Antoine Duarte
Actionnaire principal : Reed Elsevier France

ISBN : 978-2-8095-0456-9

Londres, au fil de l'eau

Cap sur la Tamise 2
À quai 15
Le long des canaux 26
Le Londres fluvial de Kate 32

Le rendez-vous des artistes

Repaires d'artistes 36
Courants d'art 44
Visite au musée 52
Horizons musicaux 62
Arts en scène ! 69
Le Londres artistique de Tom 76

Trésors d'architecture

Splendeurs, luxe et palaces 80
Monumental ! 88
Personnages de taille 99
Nouvelles perspectives 108
Le Londres urbain de Jonnie 116

Destinations gourmandes

Paniers garnis 120
Cartes sur table 129

Je suis arrivée à Londres le 14 novembre 2007, jour de l'inauguration du terminal Eurostar St Pancras International reliant la France au centre de la capitale anglaise. Quelques cinq ans plus tard, je m'y sens comme chez moi. Difficile d'expliquer pourquoi je suis restée : je crois que suis tout simplement tombée amoureuse de cette ville, sans même m'en apercevoir !

Il faut dire qu'elle a tout pour charmer – histoire, architecture, culture et gastronomie… – ce qui fait d'elle non seulement une ville à visiter, mais aussi une ville à vivre. Comme aux premiers jours, Londres continue de m'inspirer, et il me reste encore tant à découvrir ! Je l'ai explorée pourtant… À pied, à vélo, en métro, du nord au sud et d'est en ouest, j'ai parcouru ses quartiers les plus connus comme les plus improbables ! J'y ai fait de belles découvertes et de charmantes rencontres. La plupart d'entre elles sont consignées dans ce guide.

J'espère sincèrement qu'elles vous donneront envie à votre tour de faire plus ample connaissance avec cette ville extraordinaire. Vous verrez, Londres réserve des surprises à chaque coin de rue ! Quelques pages à la fin du livre vous sont d'ailleurs destinées : vous pourrez y noter vos adresses coup de cœur et vos secrets londoniens.

Welcome to London!

Amandine Greiner

À l'heure du thé ... 137
Tournée des pubs ... 146
Le Londres gourmand d'Anika ... 156

Au calme dans la ville

Jardins à l'anglaise ... 160
Lieux (de) cultes ... 170
Un petit coin de paradis ... 180
Le Londres calme de Katie ... 186

So British!

Ils sont fous ces Anglais ! ... 190
Les meilleures adresses de la capitale ! ... 201
Révisez vos classiques ! ... 210
Le Londres typique de David ... 220

Expressions idiomatiques anglaises ... 236
Hébergements et restaurants coup de cœur ... 238
Index géographique ... 251
Index thématique ... 259
Index des personnes citées ... 270
Les cartes thématiques ... 272

LONDRES, AU FIL DE L'EAU

À pied, à vélo ou en bateau, choisissez votre rythme, et laissez-vous porter au fil de l'eau ! Partons ensemble explorer les bords de la Tamise, à la découverte de ses mille secrets, avant d'aller nous promener le long des canaux aux péniches joliment fleuries. À ceux qui rêvent de dépaysement et de paysages pittoresques, ce voyage promet de belles surprises…

Cap sur la Tamise

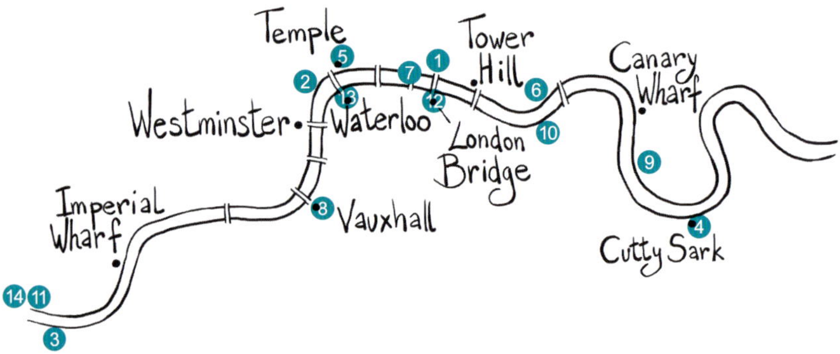

bateau-bus sur la Tamise

Pourquoi prendre le bus ou le métro quand vous pouvez prendre le bateau ? TFL, le réseau des transports en commun de la ville de Londres, a mis en place un service régulier de navettes fluviales permettant aux Londoniens comme aux touristes de voyager facilement entre le centre et Greenwich. Idéal pour se déplacer, ce ***moyen de transport original*** offre en prime des vues exceptionnelles sur les principaux monuments de la ville : London Eye, Shakespeare's Globe Theatre, Tate Modern, St Paul's Cathedral et Tower of London ! Le trajet dure 45 minutes, mais plusieurs escales sont proposées. Certains billets offrent d'ailleurs la possibilité de descendre et de monter librement, choisissez cette option si vous souhaitez vous arrêter en route pour visiter ou simplement flâner comme bon vous semble.

1 **Bateau-bus.** www.thamesclippers.com

têtes de lions

Avez-vous remarqué les têtes de lions qui ornent les berges de la Tamise ? Le regard porté vers le fleuve, ils semblent surveiller le cours d'eau d'une éventuelle menace. Ce n'est pas totalement faux, puisqu'ils permettent de ***prévenir des inondations***. Si les lions commencent à boire l'eau, autrement dit si la Tamise atteint le niveau de leur gueule, on considère Londres en danger et l'alerte est donnée. Depuis la construction du barrage, les risques de crues sont peu probables, mais restez attentif, on ne sait jamais !

2 **Victoria Embankment Gardens.** Villiers Street, WC2N 6NA. Métro : Embankment

observatoire ornithologique

Si vous avez l'opportunité de faire une ***croisière sur la Tamise***, pensez à emporter vos jumelles ! Après des siècles de pollution, la Tamise a été nettoyée et, naturellement, la faune aquatique est revenue. Aujourd'hui, c'est l'un des fleuves les plus propres au monde ! On y recense cent quinze espèces de poissons, dont des truites, chevesnes, vandoises, gardons, barbeaux, brochets, ablettes, flets et même des saumons ! Rien d'étonnant donc que les oiseaux soient si nombreux à survoler sa surface, y pêcher et y construire leurs nids. Observez attentivement autour de vous et vous apercevrez sûrement, au milieu des cygnes et des canards sauvages, des hérons et des cormorans tenant dans leur bec un poisson. Grèbes huppés, buses et martins-pêcheurs font également des apparitions régulières !

Pour les amoureux des oiseaux, le London Wetland Centre, à Barnes, réserve également de belles rencontres.

3 **WWT London Wetland Centre.** Queen Elizabeth's Walk, SW13 9WT. Train : Barnes. www.wwt.org.uk/visit/london

Cutty Sark

En arrivant à Greenwich, impossible de manquer le *Cutty Sark* ! Installé en cale sèche au bord de la Tamise, c'est le ***dernier clipper au monde*** toujours en état. Ce type de navire à voiles, le plus rapide au XIXe siècle, était spécialement conçu pour le transport de marchandises. D'abord utilisé pour ramener du thé en provenance de Chine (près de six cents tonnes par voyage, soit l'équivalent de deux cents millions de tasses !), il servit ensuite à importer de la laine de Nouvelle-Zélande, puis des épices d'Inde. Admirez sa coque, aux lignes élégantes et élancées. Jetez aussi un œil à la figure de proue du bateau : elle représente Nannie, une jeune et jolie sorcière qui porte un *cutty sark* (une chemise courte). Sortie tout droit d'un poème de l'Écossais Robert Burns, c'est elle qui inspira son nom au clipper légendaire. Dites-moi, vous n'avez quand même pas cru qu'il avait hérité son nom d'une marque de whisky ?

4 **Cutty Sark Clipper Ship.** King William Walk, SE10 9HT. DLR : Cutty Sark. www.rmg.co.uk/cuttysark

La coque élégante du Cutty Sark

Royal National Lifeboat Institution

La RNLI, fondée en 1824, est une association britannique chargée du ***secours des personnes en mer***. Indépendante du gouvernement, elle est financée par les dons publics et de généreux bienfaiteurs. Ses 4600 sauveteurs, pour la plupart bénévoles, patrouillent le long des côtes de l'Angleterre, de l'Irlande, des îles Anglo-Normandes et de l'île de Man. Mais saviez-vous que, depuis 2001, la RNLI dispose également d'une unité spéciale sur la Tamise ? Une première pour un fleuve, mais avec ses marées provoquant de puissants courants, la Tamise justifie l'exception. Équipés de vedettes et de canots pneumatiques, les sauveteurs répartis dans quatre stations (Tower, Chiswick, Teddington et Gravesend) interviennent 24 h/24, tous les jours de l'année, pour porter assistance aux bateaux en détresse et secourir les personnes tombées, volontairement ou non, à l'eau. Ils exercent également un rôle de prévention et assurent la sécurité lors des grands événements, comme la Boat Race ou le Thames Festival.

5 **Tower Lifeboat Station.** RNLI Lifeboat Pier, Victoria Embankment, WC2R 2PP. Métro : Temple. www.rnli.org

Thames River Police Museum

Le commissariat de police est probablement le dernier endroit de Londres que vous avez envie de visiter. Pourtant, le secret que je m'apprête à vous dévoiler pourrait bien vous faire changer d'avis. Situé en bord de la Tamise, dans le quartier de Wapping, il existe un bureau de police qui cache un ***trésor bien gardé*** : le Thames River Police Museum. Consacré à l'unité de police intervenant sur la Tamise, ce musée revient sur l'histoire de la première force de police au monde. Créée en 1798 à l'initiative des magistrats Patrick Colquhoun et John Harriott, elle avait pour mission de protéger les vaisseaux de marchandises contre les pillages de pirates.

Aujourd'hui, à l'adresse historique où tout a commencé, deux anciens officiers de la brigade fluviale, Rob Jeffries et John Joslin, font revivre à travers leurs anecdotes et les objets hétéroclites qu'ils ont collectés le Londres d'un autre temps : un temps où la Tamise était au cœur de la vie londonienne et où les brigands régnaient en maîtres.

6 **Thames River Police Museum.** Wapping Police Station, 98 Wapping High Street, E1W 2NE. Train : Wapping. Visite sur rendez-vous uniquement. www.thamespolicemuseum.org.uk

les gravures de Southwark Bridge

En passant sous le pont de Southwark, du côté de Bankside, arrêtez-vous un instant pour jeter un œil aux gravures murales de Richard Kindersley. Elles font le récit des fameuses *Frost Fairs* qui avaient occasionnellement lieu en hiver au cours du « petit âge glaciaire » (entre le début du XVe et le milieu du XIXe siècle). Pendant cette période, il n'était pas surprenant que le cours d'eau soit complètement ***pris par les glaces***, parfois pendant plusieurs semaines. De grandes fêtes étaient alors organisées sur le fleuve gelé, pour la plus grande joie des Londoniens, qui s'y retrouvaient pour jouer de la musique, faire une partie de chasse, assister à des combats d'animaux ou des spectacles de marionnettes.

7 **Southwark Bridge.** Métro : London Bridge

Tate to Tate Boat Service

Si vous hésitez encore entre la Tate Modern ou la Tate Britain, j'ai une bonne nouvelle : il existe un service de bateau rapide entre les deux galeries qui vous permettra de combiner les deux visites la même journée ! Après avoir admiré les œuvres de Turner et Constable à la Tate Britain, dirigez-vous vers l'embarcadère St George Wharf et prenez place ***à bord du catamaran*** – si le temps le permet, installez-vous à l'arrière, sur le pont, pour mieux profiter du spectacle qui vous attend. La virée dure 20 minutes à peine, mais elle suffira à vous en mettre plein la vue ! Attendez-vous à voir défiler Big Ben, Westminster Palace et le London Eye, avant d'apercevoir l'imposante centrale électrique qui abrite aujourd'hui la collection nationale d'art moderne et contemporain. Vous êtes arrivé à bon port, à vous Rothko, Dali, Warhol, Lichtenstein et Picasso !

8 **Tate Boat.** St George Wharf Pier, SW8. Métro : Vauxhall.
www.tate.org.uk/visit/tate-boat

Vue de London Eye depuis l'un des fameux Tate Boat

The Great River Race

Oubliez le Marathon de Londres, et venez plutôt assister au Great River Race, son équivalent sur l'eau. Chaque année, des rameurs des quatre coins du monde, professionnels comme amateurs, viennent ***s'affronter à la rame*** sur la Tamise. Une fois le coup de canon tiré, des centaines de bateaux s'élancent sur le fleuve et il n'y a plus que la victoire qui compte ! Les embarcations, de toutes sortes et de toutes tailles, forment un ballet nautique formidable : barques, chaloupes, drakkars, bateaux à voile, canoës, galères, pirogues et bateaux plus modernes. Dans un souci d'équité, un handicap de départ est calculé pour chaque embarcation, de telle sorte que toutes les équipes franchissent la ligne d'arrivée à peu près au même moment. Malgré la compétition, l'ambiance est bon enfant. Certaines équipes viennent d'ailleurs déguisées, ce qui ne fait qu'ajouter au spectacle !

9 **The Great River Race.** La course se déroule généralement entre les Docklands de Londres et Ham, mais l'itinéraire peut changer en fonction des marées. Pour plus d'informations : www.greatriverrace.co.uk

un tunnel sous la Tamise

Le ***Brunel Museum*** rend hommage à Marc et Isambard Brunel (père et fils), deux ingénieurs qui, de par leurs réalisations, ont largement contribué à révolutionner l'industrie au XIXe siècle. On leur doit notamment le tunnel sous la Tamise, premier tunnel sous-marin au monde qui inspira la construction du métro et servit par la suite de modèle à d'autres tunnels. Inauguré en 1843, il était réservé aux piétons et comprenait une galerie marchande dont les souvenirs faisaient la plus grande fierté des voyageurs venus de toute l'Europe pour admirer ce chef-d'œuvre, plus connu à l'époque victorienne sous le nom de huitième merveille du monde.

Affrontements à la rame sur la Tamise

Les panneaux d'information, maquettes et gravures qui tapissent les murs de l'ancienne station de pompage font le récit des péripéties de ce chantier et des hommes qui l'ont porté. Parfois, des visites guidées du Grand Entrance Hall sont organisées. Vous pouvez également traverser le tunnel en empruntant le train de Wapping à Rotherhithe.

10 **Brunel Museum.** Railway Avenue, Rotherhithe, SE16 4LF. Métro/Train : Rotherhithe. www.brunel-museum.org.uk

Eel Pie Island

Si vous jetez un œil sur une carte de Londres, vous verrez qu'il existe au niveau de Twickenham une petite étendue de terre entièrement entourée d'eau. Eel Pie Island, de son nom, est l'une des rares îles de la Tamise à être habitée ! Peut-être en avez-vous déjà entendu parler : paradis des hippies au début des années 1970, elle était devenue célèbre dans les années 1960 lorsque les fans de rock s'y retrouvaient pour écouter les groupes les plus en vogue jouer au Eel Pie Hotel (Eric Clapton, David Bowie, The Rolling Stones, The Who, Pink Floyd). Si l'île a aujourd'hui retrouvé son calme, elle a bel et bien conservé ***son âme bohème***. Ses bicoques colorées abritent des ateliers d'artistes, qu'il est possible de visiter deux fois par an, à l'occasion de journées portes ouvertes. Si vous aimez les endroits insolites, vous ne serez pas déçus du voyage.

11 **Eel Pie Island.** Twickenham, Middlesex, TW1 3DY. Train : Twickenham. Pour connaître les dates des prochaines journées portes ouvertes : www.eelpieislandartists.co.uk

Tideway Village

En me promenant le long de la rive sud de la Tamise, je fus émerveillée de découvrir une petite communauté vivant sur l'eau, juste à côté de la centrale électrique de Battersea (vous savez, l'énorme bâtiment en brique immortalisé par les Pink Floyd sur la pochette de leur album *Animals*). Tideway Village et Nine Elms Pier rassemblent au total une trentaine de ***péniches anciennes***, joliment fleuries, sur lesquelles résident près d'une centaine de personnes : un véritable petit coin de paradis, qui laisse rêveur tous ceux qui, comme moi, ont un jour eu l'envie d'habiter une maison flottante ! Le Q.G. de cette communauté : *The Battersea Barge*, un bateau reconverti en bar-restaurant qui accueille régulièrement des soirées cabarets et des concerts. Vous connaissez un endroit plus original pour prendre un verre en terrasse, avec vue sur la Tamise ?

8 **Tideway Village et Nine Elms Pier.** Nine Elms Lane, SW8 5BP. Métro : Vauxhall. http://tidewayvillage.blogspot.fr

8 **The Battersea Barge.** www.batterseabarge.com

Une péniche ancienne à Tideway Village

London Bridge

Savez-vous que London Bridge est le plus vieux pont de Londres ? Si l'ouvrage actuel date de 1973, le premier édifice, plus connu sous le nom d'Old London Bridge, remonte quant à lui à 1209 ! À cette époque, il ne servait pas seulement à traverser la Tamise, mais ressemblait plutôt à une petite cité médiévale construite sur l'eau qui possédait même sa propre chapelle. La rue principale, bordée d'habitations et de commerces, était étroite et la circulation y était difficile. Pour faciliter le trafic, une règle de circulation fut instaurée : ***la conduite à gauche*** ! À partir du XIVe siècle, le pont servait également à exposer, sur des piques en bois, les têtes de traîtres exécutés – c'est là qu'a fini notamment celle d'Oliver Cromwell. Il a été remplacé en 1831 par un pont plus moderne, mais vous pouvez encore voir certains de ses vestiges en vous promenant dans Londres : cherchez donc du côté de Guy's Hospital, St Magnus-the-Martyr et Victoria Park !

12 **London Bridge.** Métro : London Bridge

Victoria Embankment Gardens

Au milieu du XIXe siècle, la Tamise était un véritable égout à ciel ouvert. En 1858, l'été fut particulièrement long et chaud, et une odeur pestilentielle envahit toute la ville. L'incident, connu sous le nom de *The Great Stink* (La Grande Puanteur), force alors le Parlement à voter une loi pour remédier au problème et améliorer les conditions sanitaires. Joseph Bazalgette, un ingénieur civil du London Metropolitan Board of Works, est engagé sur-le-champ pour créer un système d'évacuation des eaux usées révolutionnaire. Son projet implique la construction d'une ***digue sur la Tamise***, The Victoria Embankment, qui durera près de 5 ans et donnera naissance aux Victoria Embankment Gardens. Ces jardins joliment fleuris et ornés de nombreuses statues – dont celle de Bazalgette ! – offrent une agréable promenade. Près de l'entrée située sur Villiers Street, vous apercevrez le perron de l'ancienne propriété du duc de Buckingham, qui, à l'époque, avait les pieds dans l'eau !

2 **Victoria Embankment Gardens.** Villiers Street, WC2N 6NA. Métro : Embankment

Speed Boats

Fan de James Bond ? Alors vous vous souviendrez sans doute de la ***course-poursuite sur la Tamise***, dans le film *Le Monde ne suffit pas*. Votre mission, si toutefois vous l'acceptez : revivre cette scène mythique. Pour cela, montez à bord d'un bateau rapide de RIB Voyages, enfilez votre gilet de sauvetage, et préparez-vous au départ. Une fois passé Tower Bridge, vous vous retrouverez collé au fond de votre siège, les cheveux au vent, filant à toute allure sur l'eau ! L'aventure est riche en sensations (surtout dans les virages et lorsque vous dépassez les autres bateaux !) et ponctuée de nombreuses anecdotes pleines d'humour sur les services secrets britanniques et l'agent 007.

13 **RIB Voyages.** The London Eye Millennium Pier, Boarding Gate 1, Westminster Bridge Road, SE1 7PB. Métro : Waterloo. www.londonribvoyages.com

dépaysement à Hammersmith

À l'ouest de la ville, Londres prend des allures de village. Si vous ne me croyez pas, allez donc vous promener du côté de Hammersmith : vous risquez d'être sérieusement dépaysé ! La promenade qui longe la Tamise à partir de Hammersmith Bridge est des plus agréables, et les vues sur le fleuve et les bâtiments qui s'étendent sur la rive opposée sont ***très pittoresques***. Admirez les cygnes qui barbotent dans l'eau, les mouettes qui tourbillonnent à la surface et laissez-vous bercer par les mouvements des rameurs qui pagayent en rythme. Sur Lower Mall et Upper Mall, vous trouverez de nombreux pubs où vous pourrez vous arrêter pour savourer un *fish & chips* ou prendre un verre en terrasse (attention, les jours de beau temps, les places sont chères !). Essayez par exemple The Old Ship ou The Dove, un pub centenaire autrefois fréquenté par Ernest Hemingway.

14 **Hammersmith.** Métro : Hammersmith

14 **The Old Ship W6.** 25 Upper Mall, W6 9TD. www.oldshipw6.co.uk

14 **The Dove.** 19 Upper Mall, W6 9TA. http://dovehammersmith.co.uk

Chiswick, villas de rêve

En poussant un peu plus loin, vous passerez devant Hammersmith Terrace, un magnifique alignement d'étroites maisons en brique datant du XVIIIe siècle. Continuez et vous arriverez sur Chiswick Mall, l'***une des plus belles rues de la capitale*** : admirez, sur votre droite, les villas élégantes et parfaitement entretenues, et de l'autre côté de la route, leurs jardins privatifs joliment fleuris, qui donnent directement sur la Tamise. À travers les feuillages, vous apercevrez même une petite île, uniquement accessible à marée basse : c'est Eyot Island.

14 **Hammersmith – Chiswick.** Métro : Stamford Brook

Les villas et jardins privatifs de Chiswick

À quai

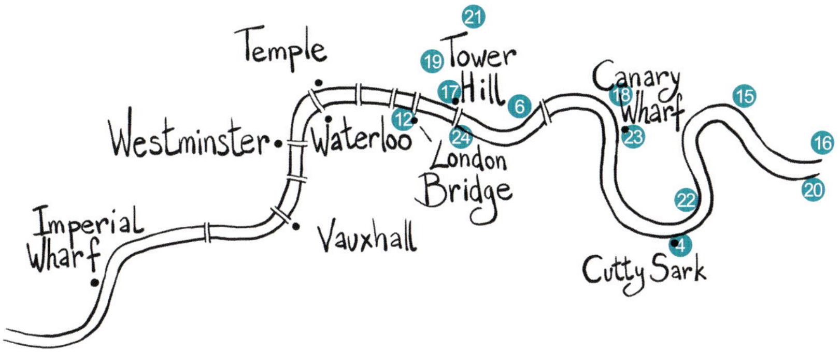

Trinity Buoy Wharf

Trinity Buoy Wharf abrite l'***unique phare de la capitale*** ! Construit au milieu du XIXe siècle, il appartenait à Trinity House, l'organisme chargé de l'administration et de l'entretien des phares sur les côtes britanniques. Celui-ci l'utilisait pour former les futurs gardiens de phare et tester les équipements qui étaient fabriqués et réparés sur le site : balises de navigation, lanternes et bateaux-phares. Il servit par la suite de lieu d'expérimentation : au scientifique Michael Faraday, dans un premier temps, et plus récemment au musicien Jem Finer. Si vous montez dans le phare, vous pourrez écouter sa composition musicale : intitulée *Longplayer*, elle est destinée à être jouée pendant mille ans, sans interruption ni répétition. À visiter avant fin 2999 !

15 **Trinity Buoy Wharf.** 64 Orchard Place, E14 0JW. DLR : East India.
www.trinitybuoywharf.com

The Thames Barrier

Pour prévenir les risques d'inondation et protéger les Londoniens qui sont chaque année plus nombreux à s'installer au bord du fleuve, la ville décida la construction d'un barrage sur la Tamise. Sur quarante et un projets proposés, la Thames Barrier fut choisie pour son mécanisme ingénieux, mais aussi pour son design. Véritable merveille d'architecture, elle ressemble à une impressionnante œuvre d'art contemporain et mérite d'être vue au moins une fois ! Ses énormes ***cylindres en acier inoxydable*** étincellent au soleil, et lorsque la barrière se ferme, quelques fois par an, le spectacle est éblouissant. On comprend pourquoi les Anglais en sont si fiers ! Faites un tour par le centre d'information si vous souhaitez en apprendre davantage sur sa construction et son mode de fonctionnement, sinon rendez-vous au Thames Barrier Park : ces jardins offrent d'excellents points de vue.

16 **Thames Barrier Park.** North Woolwich Road, E16 2HP. DLR : Pontoon Dock.

16 **Thames Barrier Visitor and Learning Centre.** 1 Unity Way, SE18 5NJ. Train : Charlton

Execution Dock

Autrefois les pirates, contrebandiers et mutins condamnés à mort par la cour de l'Amirauté étaient tous pendus. Escortés en carriole depuis leur prison, les criminels défilaient à travers la ville jusqu'à Execution Dock. Là, un prêtre leur permettait de confesser leurs derniers péchés, avant de monter sur la ***potence*** où ils étaient exécutés. La foule était souvent nombreuse, venue assister au spectacle macabre. Ensuite, les corps restaient attachés à leur nœud coulant pendant plusieurs jours, après quoi ils étaient soit donnés comme sujets d'études à des anatomistes, soit suspendus au-dessus de la Tamise en guise d'avertissement pour ceux qui seraient tentés de suivre leur chemin ! Le capitaine Kidd, dont le mystérieux trésor fascine toujours les curieux, compte parmi les suppliciés notoires de Wapping et un pub qui porte son nom se tient aujourd'hui à l'emplacement où il fut pendu en 1701.

6 **The Captain Kidd.** 108 Wapping High Street, E1W 2NE. Train : Wapping

Golden Hinde, bateau-pirate

Le *Golden Hinde*, amarré depuis 1996 le long de St Mary Overie Dock, est une fidèle réplique du galion du célèbre corsaire anglais ***sir Francis Drake***. Parti en expédition autour du monde sous les ordres de la reine Elisabeth Ire d'Angleterre, avec l'autorisation de piller les vaisseaux ennemis qu'il rencontrerait sur son passage, il revint en 1579 avec à son bord un incroyable trésor qui, à lui seul, permit d'annuler la dette du pays ! Vous souhaitez en savoir davantage ? Alors laissez-vous embarquer pour une visite guidée du navire ! Les membres de l'équipage, en costumes d'époque, sauront vous conter mieux que personne les aventures de Drake et la manière dont les marins d'alors vivaient. Une attraction incontournable pour les moussaillons en herbe, qui ont même la possibilité de passer la nuit sur le bateau certains soirs de l'année.

12 **The Golden Hinde.** St Mary Overie Dock, Cathedral Street, SE1 9DE. Métro : London Bridge. www.goldenhinde.com

The Golden Hinde

Hay's Galleria

Si vous longez la Tamise au niveau de London Bridge, vous tomberez sur Hay's Galleria, une ***galerie marchande*** qui abrite quelques pubs et cafés. En son centre, une imposante sculpture d'un bateau rétrofuturiste de l'artiste David Kemp commémore le passé historique de Hay's Wharf, le quai auquel elle est associée. Au XIXe siècle, celui-ci était bordé d'entrepôts commerciaux, et les cargos en provenance des quatre coins du monde venaient y débarquer leurs marchandises, principalement des produits alimentaires : thé, café, beurre, fromage, viande et épices. Son activité était si prospère, qu'il gagna le surnom de « garde-manger de Londres » !

12 **Hay's Galleria.** Tooley Street, SE1 2HD. Métro : London Bridge. www.haysgalleria.co.uk

St Katharine Docks

Comme moi, vous serez agréablement surpris de découvrir le petit port de charme discrètement niché juste derrière Tower Bridge. Comprenant plusieurs bassins bordés de nombreuses boutiques, cafés et restaurants, il forme une ***marina agréable et paisible*** où j'aime venir flâner. Si vous cherchez bien, vous aurez peut-être la chance d'apercevoir au milieu des nombreux yachts et voiliers de luxe l'un des derniers navires à voiles historiques (*Thames Barges*). Ces vaisseaux à coque en bois, particulièrement conçus pour naviguer dans les eaux peu profondes de l'estuaire de la Tamise, étaient autrefois utilisés pour le transport des marchandises. Pour une pause sympathique, allez prendre un verre au Dickens Inn.

17 **St Katharine Docks.** Métro : Tower Hill. www.skdocks.co.uk

17 **The Dickens Inn.** Marble Quay, St Katharine's Way, E1W 1UH. Métro : Tower Hill. www.dickensinn.co.

Le charme d'une pause à St Katharine Docks

HMS Belfast

Ancré à Hay's Wharf, vous apercevez de loin son ombre menaçante : le *HMS Belfast* (ses initiales signifient *Her Majesty Ship*, « le navire de Sa Majesté ») est un ancien navire de guerre, aujourd'hui reconverti en musée. À l'intérieur, c'est un véritable ***dédale de couloirs et de ponts*** reliés par des échelles métalliques (heureusement un plan vous est remis une fois à bord !). De la salle des machines à la cabine de pilotage, en passant par les cuisines, les dortoirs et la blanchisserie, vous découvrirez tout de la vie à bord d'un croiseur ! Vous entendrez également les récits palpitants des célèbres opérations militaires auxquelles le navire a participé : les convois de l'Arctique, le débarquement de Normandie et la guerre de Corée.

12 **HMS Belfast.** Morgan's Lane, Tooley Street, SE1 2JH. Métro : London Bridge. www.iwm.org.uk/visits/hms-belfast

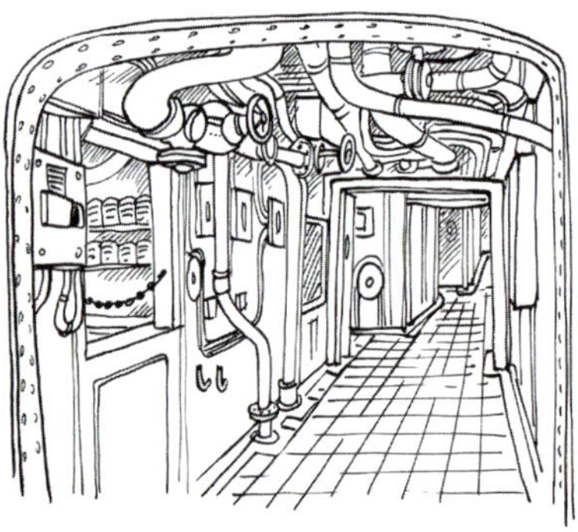

Le dédale du HMS Belfast

Museum of London Docklands

Installé dans un ancien entrepôt de sucre datant du début du XIXe siècle, le Museum of London Docklands retrace de manière chronologique l'***histoire du port de Londres*** et de ses docks depuis le Moyen Âge jusqu'à nos jours : leur construction et leur développement aux XVIIIe et XIXe siècles, leur effondrement peu après la Seconde Guerre mondiale, et leur réhabilitation à partir des années 1980. Le récit de la traite des noirs est particulièrement émouvant, et l'expérience offerte par Sailortown tout à fait incroyable : en arpentant ses rues, vous plongerez directement dans l'atmosphère sombre, animée et nauséabonde du Londres de l'époque victorienne. Préparez-vous : la visite commence au troisième étage !

18 **Museum of London Docklands.** No. 1 Warehouse, West India Quay, E14 4AL. DLR : West India Quay. www.museumoflondon.org.uk/Docklands

DLR – Docklands London Railway

La meilleure manière d'explorer les Docklands de Londres ? Faire un tour en DLR ! Inaugurée en 1987, la Docklands London Railway est une ***ligne de métro entièrement automatique*** ! Elle propose non seulement un moyen de transport agréable et rapide entre l'est londonien et la City, mais avec ses voies surélevées, elle offre surtout des perspectives intéressantes sur la Tamise, les bâtiments ultramodernes de Canary Wharf, le Millennium Dome, le parc olympique et bien d'autres monuments emblématiques de la capitale ! Installez-vous à l'avant de la rame, à la place du conducteur, et regardez le paysage urbain défiler devant vous… Une fois arrivé au bout de la ligne, vous n'aurez qu'une envie : changer de quai et refaire un tour !

19 **DLR.** Métro : Bank

Royal Arsenal

Le quartier de Woolwich a subi de nombreuses transformations au cours des dernières décennies, mais les traces de son ***passé militaire*** sont toujours visibles dans ses rues, sur ses bâtiments et le long de ses quais. Utilisé comme chantier naval pour la construction des machines de guerre destinées à défendre l'Empire britannique aux XVIe et XVIIe siècles, il devient par la suite le site d'une des plus importantes fabriques d'armement et d'explosifs du royaume : celle-ci employait près de cent mille personnes pendant la Première Guerre mondiale ! Pour en savoir plus sur l'histoire militaire et industrielle de Woolwich Arsenal, rendez-vous au Greenwich Heritage Centre qui abrite le Royal Artillery Museum.

Aujourd'hui, l'arsenal royal de Woolwich est surtout célèbre grâce au ***club de football*** qui lui a emprunté son nom. Fondée en 1886 par des ouvriers de la manufacture, elle est devenue l'une des équipes vedettes d'Angleterre. Vous comprenez maintenant pourquoi on les surnomme les *Gunners* (canonniers) et pourquoi l'entrée du stade d'Arsenal est gardée par deux canons !

20 **Greenwich Heritage Centre.** Artillery Square, Woolwich SE18 4DX. DLR : Woolwich Arsenal. www.greenwichheritage.org

21 **Arsenal Football Club.** Highbury House, 75 Drayton Park, N5 1BU. Métro : Arsenal. www.arsenal.com

Greenwich Foot Tunnel

C'est lors de l'une de mes balades le long du Thames Path, du côté d'Isle of Dogs, que j'ai découvert l'inquiétant ***tunnel piétonnier*** qui passe sous la Tamise. Vous trouverez plus précisément son entrée dans les jardins publics d'Island Gardens, sous un petit dôme. Creusé pour permettre aux habitants du sud de Londres de rejoindre facilement les Docklands, il existe depuis 1902 ! Mieux vaut ne pas y penser lorsque vous descendrez dans l'étroit tunnel, situé à quinze mètres de profondeur. Long de trois cent soixante-dix mètres, il semble interminable et il vous faudra marcher pendant plusieurs minutes avant d'apercevoir le puits de lumière qui signale la sortie à l'autre bout. Si vous n'êtes pas claustrophobe, osez vous y aventurer, car une bonne surprise vous attend de l'autre côté : Greenwich !

22 **Greenwich Foot Tunnel.** Island Gardens, Saunders Ness Road, E14 3EB. DLR : Island Gardens

Art Trail in Canary Wharf

Vous savez à quoi me fait penser le quartier d'affaires de Canary Wharf ? À une immense galerie d'art contemporain ! Quand vous vous promènerez dans le coin, ouvrez l'œil et vous apercevrez en effet que de nombreuses œuvres d'art sont exposées au milieu des tours de bureaux, des ronds-points, sur les places, dans les parcs et même dans la station de métro ! Au total, il y en a une soixantaine : de nombreuses ***sculptures modernes***, mais aussi des mosaïques, des photographies, des peintures et des installations, parfois étranges (je pense aux horloges sur pied de Konstantin Grcic et à l'arbre à feux tricolores de Pierre Vivant) qui semblent pourtant s'intégrer parfaitement à l'architecture urbaine environnante. La visite est bien évidemment gratuite, et la « galerie » a l'avantage d'être ouverte 24 h/24, 7j/7 !

23 **Canary Wharf.** Pour vous aider à les repérer, vous trouverez une carte au centre d'information de Canary Wharf : Canary Wharf Group. 1 Canada Square, E14 5AB. DLR : Canary Wharf

Greenwich, l'héritage maritime

Le méridien d'origine est sans doute l'attraction la plus prisée des touristes, qui n'hésitent pas à faire la queue pour se prendre en photo devant la ligne mythique, un pied dans chaque hémisphère. Pourtant, Greenwich, ville classée au patrimoine de l'Unesco depuis 1997, a bien d'autres richesses à offrir à ses visiteurs ! L'***Old Royal Naval College***, qui fut conçu par l'architecte Christopher Wren et servit pendant plus de 150 ans d'hôpital aux vétérans de la Marine, vaut à lui seul le détour : sa chapelle est magnifique, et les peintures de la salle des banquets sont somptueuses ! Juste à côté, vous trouverez également le National Maritime Museum, dont la collection d'objets et d'œuvres d'art vous renseignera sur l'histoire maritime de la Grande-Bretagne. Dans la galerie dédiée à Horatio Nelson, vous apercevrez entre autres la veste d'uniforme que l'amiral portait le jour de sa mort.

4 **Greenwich.** DLR : Cutty Sark

4 **Old Royal Naval College.** King William Walk, SE10 9NN. www.ornc.org

4 **National Maritime Museum.** Park Row, SE10 9NF. www.rmg.co.uk

St Saviour's Docks

Si une balade au grand air le long de la Tamise vous a ouvert l'appétit, faites une pause bien méritée du côté de ***Shad Thames*** pour déjeuner. Cette rue pavée située juste derrière Tower Bridge a conservé tout de son charme industriel – regardez en l'air et vous apercevrez les poulies qui servaient à hisser les marchandises, ainsi que les passerelles métalliques qui permettaient de passer facilement d'un entrepôt à l'autre – et abonde de restaurants et de cafés. Le designer Terence Conran, qui y a également installé ses bureaux, possède justement Le Pont de la Tour, Butlers Wharf

Chop House, Cantina del Ponte et Blueprint Café. Ce dernier, situé au premier étage du Design Museum, offre de merveilleuses vues sur l'eau. Sur chaque table, vous trouverez d'ailleurs une paire de jumelles bleues qui vous permettront de mieux scruter l'horizon !

24 **Blueprint Café.** Design Museum, 28 Shad Thames, SE1 2YD. Métro : London Bridge. www.blueprintcafe.co.uk/design-museum

Les passerelles métalliques de St Saviour's Docks

Le long des canaux

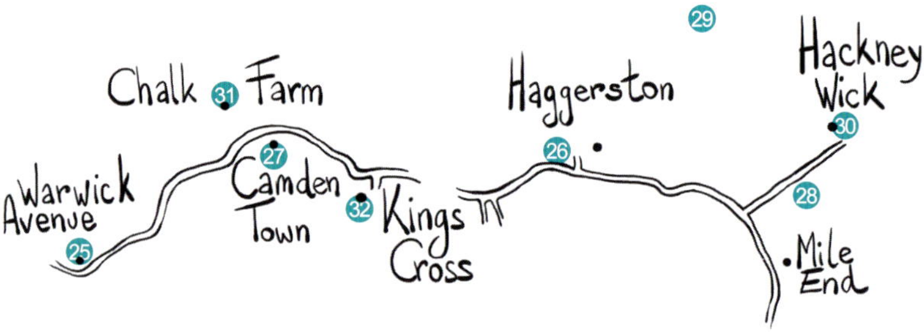

Jessie, Little Venice

Si l'idée de passer la nuit sur une péniche vous séduit, séjournez dans l'***un des rares hôtels flottants de Londres*** : Jessie ! Amarrée à Little Venice, cette péniche mesure dix-sept mètres de long pour deux mètres de large et comprend deux cabines, ainsi qu'un petit salon, une cuisine équipée et une salle de bains. L'intérieur n'est pas très grand, mais il est confortable et chaleureux et se prête parfaitement pour un couple, avec ou sans enfants. Vous apprécierez le calme des lieux et la possibilité de prendre votre petit déjeuner en terrasse, au milieu des cygnes et des canards ! Idéalement située à quelques minutes de marche du métro et à proximité de plusieurs pubs et restaurants, Jessie saura ravir ceux qui sont à la recherche d'une solution d'hébergement insolite !

25 **Jessie.** Little Venice. Métro : Warwick Avenue. www.jessiethenarrowboat.com

Towpath Café

Le Towpath est un secret bien gardé des Londoniens : discrètement niché au bord du Regent's Canal entre Islington et Hackney, ce petit café est l'un des plus agréables et tranquilles de la ville. Avec ses tables et chaises colorées qui s'étalent ***au bord de l'eau***, c'est l'endroit idéal pour profiter d'une matinée ensoleillée. Le menu, inscrit à la craie sur un tableau noir, change tous les jours et ne manquera pas de satisfaire vos papilles. Et pour cause, ses propriétaires ne sont autres que la critique gastronomique Lori De Mori et le photographe culinaire Jason Lowe. En été, une mini-scène flottante prend place sur le canal et des concerts y sont organisés en journée !

26 **Towpath Café.** 36 De Beauvoir Crescent, N1 5SB. Train : Haggerston. http://towpathcafe.wordpress.com

Une pause agréable au bord de l'eau

le long du Regent's Canal

À quelques pas du célèbre marché touristique de Camden se trouve une ***oasis de nature insoupçonnée*** : le Regent's Canal. Pour une promenade paisible et dépaysante, empruntez le chemin qui le longe en direction de l'ouest. Vous passerez d'abord le long du zoo de Londres, puis de Regent's Park. Vous découvrirez ensuite ses villas luxueuses aux jardins verdoyants, avant d'arriver à l'île de Little Venice. Une fois là-bas, accordez-vous un verre à bord du Waterside Café. Pour le retour, optez pour le bateau-bus ou marchez quelques minutes pour rejoindre la station de métro Warwick Avenue.

27 **Départ pour la promenade :** Camden Lock, NW1 8AF. Métro : Camden Town

25 **Waterside Café.** Warwick Crescent, W2 6NE. Métro : Warwick Avenue. www.floatingboater.co.uk

Bateaux-bus au départ de Little Venice et Camden :

25 **Jason's Trip.** En face du 42 Blomfield Road, W9 2PF. Métro : Warwick Avenue. www.jasons.co.uk

27 **London Waterbus Company.** 58 Camden Lock Place, NW1 8AF. Métro : Camden Town. www.londonwaterbus.com

magasins flottants et itinérants

Des magasins sur l'eau, en voici une drôle d'idée ! Oui, et à Londres, certains l'ont déjà mise en pratique ! Ainsi ne soyez pas étonné si vous voyez passer sur les canaux des ***péniches reconverties en librairie***, boutique de vêtements, sandwicherie, bar, galerie d'art ou cinéma ! N'hésitez pas trop longtemps avant de monter à bord, car ces commerces flottants ne restent jamais bien longtemps au même endroit !

Promenade sur le Regent's Canal

une balade à vélo...

Pour un itinéraire hors des sentiers battus, je vous encourage vivement à louer un vélo et à faire ***un tour à l'est***. Commencez votre exploration du côté de Victoria Village, puis traversez Victoria Park, également surnommé le « Regent's Park de l'est », pour rejoindre le canal. À partir de là, longez le Hertford Union Canal en direction de la Lea Valley jusqu'à Springfield Park et sa charmante marina. Vous pourrez également visiter la galerie d'art Forman's Smokehouse à Hackney Wick et manger un morceau au Counter Café, qui offre de jolies vues sur le stade olympique. Une escapade originale, qui vous permettra d'approcher des lieux autrement difficiles d'accès et de découvrir la ville sous un angle inédit !

28 **Victoria Park.** Victoria Park Road et Lauriston Road, E9 7BT. Métro : Mile End

29 **Springfield Park.** Upper Clapton Road, E5 9EF. Train : Clapton

30 **Forman's Smokehouse Gallery.** Stour Road, E3 2NT. Train : Hackney Wick. http://smokehousegallery.org

30 **The Counter Café.** 7 Roach Road, E3 2PA. Train : Hackney Wick. http://thecountercafe.co.uk

explorer Londres en kayak...

Vous cherchez une ***façon originale de visiter la capitale*** ? Essayez le kayak ! London Kayak Tours organise aussi bien des excursions sur la Tamise que sur les canaux. Pour une première sortie, optez pour la balade le long du Regent's Canal, tranquille et agréable. Le cadre est idyllique et vous pourrez en profiter pour observer de près la faune riche et variée (oiseaux, insectes, mammifères) qui s'est développée aux abords du canal.

31 **London Kayak Tours.** À l'angle d'Ormonde Terrace et de Prince Albert Road, NW8 7LT. Métro : Chalk Farm. www.londonkayaktours.co.uk

Tarporley, location de péniche

Montez à bord de *Tarporley* et partez à la découverte des canaux ! Cette ravissante péniche historique, stationnée près de King's Cross, mesure près de vingt-deux mètres de long et peut accueillir jusqu'à douze personnes. Elle vous permettra d'explorer Londres et ses environs au fil de l'eau, à votre rythme, le temps d'une journée ou d'une demi-journée. Votre capitaine vous conduira où bon vous semble, et vous n'aurez rien à faire si ce n'est vous relaxer et admirer le paysage, à moins que vous ne préfériez aider à franchir les écluses ou ***apprendre à piloter*** ! Les escales sont bien évidemment permises, vous pourrez donc vous arrêter dans un pub pour prendre un verre ou dans un parc pour un pique-nique. Vous avez le temps ? Louez l'embarcation pour plusieurs jours et prenez le large vers la River Lea, la Tamise ou le Grand Union Canal !

32 **Tarporley.** Kings Place, 90 York Way, N1 9AG. Métro : King's Cross St Pancras. http://camdencanals.org

Camley Street Natural Park

Dans le quartier en plein essor de King's Cross, un petit coin de verdure résiste encore et toujours aux investisseurs : Camley Street Natural Park. Cette ***réserve naturelle urbaine***, créée en 1984, abrite une riche variété de plantes ainsi que de nombreuses espèces d'oiseaux, d'abeilles, d'amphibiens et de papillons. Un cours « grandeur nature » sur la biodiversité et un lieu où il fait tout simplement bon se promener ! Quelques tables de pique-nique offrent une vue agréable sur le Regent's Canal et l'écluse de St Pancras. Je peux y rester des heures à écouter les oiseaux pépier en regardant les péniches passer. Encore peu connu des touristes et des Londoniens, c'est un de mes endroits préférés.

32 **Camley Street Natural Park.** 12 Camley Street, N1C 4PW. Métro : King's Cross St Pancras

Le Londres fluvial de Kate

Kate, 34 ans, vit à Walton-on-Thames, une petite ville située au bord de la Tamise, à une vingtaine de kilomètres de la capitale. Fascinée par l'histoire, elle passe son temps à étudier les vestiges et souvenirs du passé. Son terrain de prédilection ? Le lit du célèbre cours d'eau qui traverse la ville !

Quel est ton métier et en quoi consiste-t-il ?
Je suis archéologue pour le Museum of London et je travaille directement avec ceux que l'on appelle les *mudlarks*. Équipés de truelles et de détecteurs de métaux, ces récupérateurs des temps modernes fouillent l'estran à la recherche de trésors enfouis. Mon rôle est d'identifier et de dater leurs découvertes archéologiques, puis de les répertorier dans notre base de données.

Quels types d'objets trouve-t-on le plus couramment sur les bords de la Tamise ?
On y trouve toutes sortes d'objets et de fragments anciens : des poteries, des pipes en terre, des pièces de monnaie, des bijoux, des ustensiles de cuisine.

Selon toi, qu'est-ce qui fait de la Tamise un site archéologique intéressant ?
La Tamise est l'un des sites archéologiques urbains les plus grands au monde. Mais surtout, ce qui la rend unique, ce sont ses marées qui font du fleuve un site en perpétuel renouvellement ! Chaque jour, elles remuent les tréfonds de la Tamise et déposent sur le rivage des objets qui étaient sous l'eau depuis des siècles !

Quelle fut ta découverte archéologique la plus mémorable ?
Un jour, j'ai trouvé une chaussure en cuir datant du Moyen Âge, presque parfaitement conservée !

Ce qui te plaît le plus dans ton métier ?
J'aime élucider les mystères du temps et faire parler les objets qui sont retrouvés chaque jour. Comme le disait John Burn : « *Thames is liquid history* » (La Tamise, c'est de l'histoire liquide). Chaque découverte constitue en quelque sorte une pièce du puzzle, susceptible d'apporter des éléments nouveaux qui peuvent nous permettre de mieux comprendre l'histoire et les modes de vie des générations passées. C'est un travail passionnant !

Quels conseils donnerais-tu aux personnes qui aimeraient suivre les traces des *mudlarks* ?

Enfilez des bottes en caoutchouc, pensez à prendre des gants et vérifier les horaires des marées pour ne pas vous faire surprendre par la montée des eaux. Choisissez un site facile d'accès pour commencer, comme la bande de sable qui se trouve juste devant la Tate Modern, sur South Bank. Pour plus d'informations, contactez The Port of London Authority. Pensez à signaler les objets que vous trouverez... Qui sait, vous aurez peut-être l'un d'eux exposé au Museum of London !

Rive nord ou rive sud ?

Je préfère la rive sud, la nature y est beaucoup plus présente et l'ambiance plus détendue.

Ta balade préférée ?

La balade entre Hampton Court Palace et Weybridge est particulièrement agréable. C'est aussi une manière originale de découvrir la ville sous un autre angle.

Une attraction que tu recommanderais à des personnes visitant Londres ?

Une croisière sur la Tamise à bord d'un DUKW ! Ces drôles de véhicules jaunes que l'on voit parfois circuler dans la ville datent de la Seconde Guerre mondiale. Ils sont amphibies et permettent de combiner visite sur la terre ferme et excursion sur la Tamise !

Un endroit pour un après-midi tranquille au bord de l'eau ?

Les jardins botaniques royaux de Kew : c'est un lieu paisible et de toute beauté !

Les adresses coup de cœur de Kate

- **Museum of London**
  150 London Wall, EC2Y 5HN
  Métros : Barbican/Moorgate
  www.museumoflondon.org.uk
- **Idées de promenades le long du Thames Path**
  www.walklondon.org.uk/route.asp?R=6
  www.nationaltrail.co.uk/thamespath
- **London Duck Tours**
  55 York Road, SE1 7NJ
  Métro : Waterloo
  www.londonducktours.co.uk
- **Kew Gardens**
  Kew Road, TW9 3AB
  Métro : Kew Gardens
  www.kew.org

LE RENDEZ-VOUS DES ARTISTES

Amateurs d'art et de culture,
vous allez apprécier Londres !
La ville regorge de petits musées, galeries d'art,
salles de spectacle et autres repaires insolites
qui ne manqueront pas de satisfaire
votre curiosité et votre soif d'inspiration.
Suivez-moi, je vous emmène faire le tour
de quelques-uns des lieux les plus fascinants
et surprenants de la capitale.

Repaires d'artistes

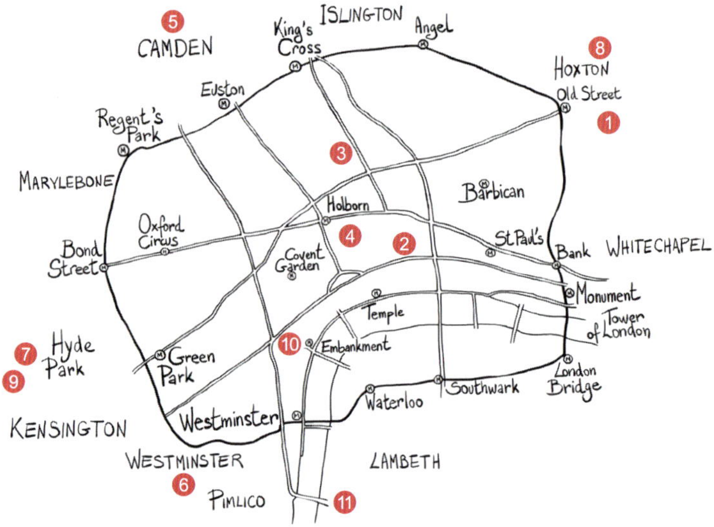

Dennis Severs' House

Avez-vous déjà entendu parler de Dennis Severs ? Cet artiste américain, qui vécut dans le quartier de Spitalfields, eut la bonne idée de transformer sa résidence en une ***machine à remonter le temps*** : une fois la porte du 18 Folgate Street passée, vous vous retrouverez transporté directement en 1725 ! Les dix pièces de la demeure, toutes éclairées à la bougie, vous plongeront dans le quotidien fascinant des Gervais, une famille de huguenots français. Si l'artiste a laissé des indices qui témoignent de leur existence un peu partout dans la maison, c'est à votre imagination et à vos sens qu'il s'en remet pour les faire revivre. L'expérience est surprenante, mais je ne vous en dis pas plus…

1 **Dennis Severs' House.** 18 Folgate Street, E1 6BX. Métro : Liverpool Street. www.dennissevershouse.co.uk

Dr Johnson's House

Importante figure de la littérature britannique du XVIIIe siècle, le docteur Johnson est surtout connu pour l'un de ses ouvrages : le *Dictionnaire de la langue anglaise*. C'est dans le ***grenier de sa demeure*** londonienne, près de Fleet Street, qu'il rédigea le célèbre manuscrit. Ouverte aux visiteurs depuis 1914, elle rend hommage à cet auteur aux talents multiples – à la fois poète, essayiste, critique littéraire et biographe. En repartant, ne manquez pas de saluer Hodge, son chat – mangeur d'huîtres insatiable ! – qui dispose de sa propre statue dans la cour. Sur sa stèle, vous pourrez lire l'une des citations les plus célèbres de son maître : « *When a man is tired of London, he is tired of life.* » (Quand un homme est fatigué de Londres, c'est qu'il est fatigué de la vie).

2 **Dr Johnson's House.** 17 Gough Square, EC4A 3DE. Métros : Chancery Lane / Temple. www.drjohnsonshouse.org

Charles Dickens Museum

Que vous préfériez *Un chant de Noël*, *Les Grandes Espérances* ou un autre de ses romans, une visite au 48 Doughty Street devrait vous combler. C'est en effet à cette adresse, dans une ravissante maison de ***style géorgien*** à quatre étages, que vécut entre 1837 et 1839 le jeune Charles Dickens. Une période courte, mais prolifique, puisque l'écrivain y rédigea la fin des *Aventures de monsieur Pickwick*, *Oliver Twist* et *Nicholas Nickleby*. Sa canne, ses vêtements, ses manuscrits et ses papiers personnels : tout est là pour vous donner l'impression de pénétrer dans son intimité ! Admirez également au mur les photos de famille et les nombreux portraits. Mon préféré : une illustration de Robert William Buss, qui représente Dickens entouré de ses personnages les plus célèbres. À l'arrière de la maison se cache aussi un petit jardin : l'endroit parfait pour relire vos classiques !

Promenades dickensiennes : les mercredis, des ***marches guidées*** sont organisées par le musée. Vous y découvrirez le Londres qui a inspiré l'auteur, ainsi que de nombreux endroits qui lui étaient chers.

3 **Charles Dickens Museum.** 48 Doughty Street, WC1N 2LX. Métro : Russell Square. www.dickensmuseum.com

Sir John Soane's Museum

L'endroit le plus insolite de Londres ? Certainement la résidence de John Soane ! Transformée en musée, elle accueille l'une des ***collections d'antiquités et d'art*** la plus excentrique que je connaisse ! Du sol au plafond, l'espace est recouvert d'objets aussi hétéroclites qu'intéressants : un sarcophage égyptien, une broche ayant appartenu à Charles Ier, des fragments architecturaux de l'ancien palais de Westminster… La mise en scène témoigne à elle seule du génie de l'architecte, et explorer le labyrinthe de petites pièces donne l'impression de se promener dans les méandres de son esprit. Dans la galerie, des œuvres de Hogarth, Canaletto et Turner sont dissimulées derrière des panneaux mobiles : n'hésitez pas à demander aux assistants du musée de vous les montrer.

4 **Sir John Soane's Museum.** 13 Lincoln's Inn Fields, WC2A 3BP. Métro : Holborn. www.soane.org

L'intérieur du Sir John Soane's Museum

Keats House

Si l'idée de passer l'après-midi en compagnie de l'un des plus grands ***poètes romantiques*** anglais vous séduit, suivez-moi du côté de Hampstead ! Installée sur les hauteurs du village, la maison de John Keats invite les curieux à faire connaissance avec le jeune prodige. C'est ici qu'il rédigea certains de ses vers les plus célèbres et qu'il rencontra l'amour de sa vie : sa voisine, Fanny Brawne. À l'intérieur de la demeure, vous découvrirez une collection de manuscrits et d'ouvrages originaux, mais aussi des lettres d'amour passionnées. En été, le jardin est très agréable et vous pourrez aller vous reposer sous le prunier, à l'emplacement même où le poète aurait écrit l'un de ses plus beaux textes : *Ode to a Nightingale* (*Ode à un rossignol*). Un cadre idyllique pour une belle leçon de poésie.

5 **Keats House.** Keats Grove, NW3 2RR. Métro : Hampstead.
www.cityoflondon.gov.uk/keatshousehampstead

Carlyle's House

Thomas Carlyle, homme de lettres influent du XIXe siècle, fut l'un des premiers intellectuels à s'installer dans le quartier de Chelsea. Vous reconnaîtrez sa demeure au ***portrait sculpté*** sur la façade du 24 Cheyne Row. Le salon, à la décoration modeste, a peu changé au cours du siècle dernier et on s'imagine assez facilement lorsque l'écrivain y recevait ses amis de la haute société : Charles Dickens, George Eliot, John Ruskin, Alfred Tennyson, William Thackeray et John Stuart Mill. Les mots laissés par ces derniers vous permettront d'ailleurs de vous faire votre propre opinion sur celui que l'on surnommait « Le Sage de Chelsea ». N'oubliez pas de monter au dernier étage : c'est dans cette pièce lumineuse et insonorisée qu'il se coupait du monde pour écrire.

6 **Carlyle's House.** 24 Cheyne Row, SW3 5HL. Métro : Sloane Square.
www.nationaltrust.org.uk/carlyles-house

Leighton House

Si vous êtes un connaisseur en matière de peinture préraphaélite, le nom de lord Frederic Leighton vous est sûrement familier. Peintre et sculpteur britannique éminent du XIXe siècle, il fut aussi le président de l'Académie royale des beaux-arts de Londres. Son œuvre la plus impressionnante, et peut-être la moins connue du public, reste sa maison de Kensington ! Derrière sa façade en brique rouge plutôt ordinaire, se dissimule un intérieur étonnant… Dès l'entrée, l'opulence du hall, d'inspiration mauresque, saura vous subjuguer : ses ***murs en céramique bleue***, sa fontaine centrale et son dôme en or sont tout simplement somptueux ! D'autres trésors, rapportés de ses voyages au Moyen-Orient et en Europe, ainsi que certains de ses travaux – croquis, toiles, sculptures – ornent les pièces de ce palais privé. Une véritable splendeur !

7 **Leighton House Museum.** 12 Holland Park Road, W14 8LZ. Métros : High Street Kensington/Kensington. www.rbkc.gov.uk/subsites/museums.aspx

Linley Sambourne House

La demeure située au 18 Stafford Terrace reflète tout le raffinement du ***style britannique du XIXe siècle*** : les tapisseries sont signées William Morris, les fenêtres sont décorées de vitraux et des tapis d'Orient habillent les sols. Son ancien propriétaire, le caricaturiste Linley Sambourne, était l'un des principaux collaborateurs du magazine satirique *Punch*. En admirant ses dessins et photographies qui s'affichent dans toutes les pièces, vous remarquerez que l'homme, qui ne manquait ni d'humour ni d'imagination, aimait surtout croquer les hommes politiques et les femmes !

Instructive et divertissante, la visite saura également vous renseigner sur la vie et les mœurs de l'époque victorienne : de la tenue vestimentaire

Le somptueux hall de Leighton House

des femmes aux habitudes alimentaires, en passant par les modes de transport et les problèmes de petit personnel, tous les ***aspects du quotidien*** sont traités !

7 Linley Sambourne House. 18 Stafford Terrace, W8 7BH. Métro : High Street Kensington. www.rbkc.gov.uk/subsites/museums.aspx

William Morris Gallery

Si comme moi vous adorez les imprimés floraux de William Morris, foncez à la William Morris Gallery ! Dans la maison où l'artiste passa son adolescence, une fabuleuse collection de ***mobilier, textiles et papiers peints*** – l'un d'entre eux a été dessiné pour la reine Victoria ! – témoigne de son influence, aussi bien sur ses contemporains, que sur les générations futures. Vous apprendrez que ce pionnier du design, chef de file du mouvement Arts & Crafts, fut également poète, écrivain, imprimeur et militant socialiste. Les œuvres présentées changent régulièrement, d'ailleurs une nouvelle galerie dédiée aux expositions temporaires vient d'ouvrir ses portes.

8 William Morris Gallery. Lloyd Park, Forest Road, E17 4PP. Métro : Walthamstow Central. www.wmgallery.org.uk

Hogarth's House

C'est à Chiswick, dans sa résidence secondaire, que William Hogarth venait régulièrement s'isoler du bruit de la ville. Aujourd'hui reconvertie en musée, elle abrite certaines des œuvres les plus caractéristiques de sa carrière, dont ses célèbres ***peintures et gravures morales*** qui dépeignent d'une façon intéressante les mœurs et les vices de la société britannique du XVIIIe siècle.

9 Hogarth's House. Hogarth Lane, Great West Road, W4 2QN. Métro : Turnham Green. www.hounslow.info/arts-culture/historic-houses-museums/hogarth-house

Benjamin Franklin House

Non, ce n'est pas à Philadelphie, mais bien dans la capitale anglaise que vous pourrez visiter la demeure de Benjamin Franklin ! Si les Américains ne manquent pas de s'y arrêter lors de leur périple en Europe, les Britanniques comme les touristes passent souvent à côté. La visite est loin d'être classique et s'apparente plutôt à ***un show*** qui vous ramènera au temps où Franklin vivait à Londres : entre 1757 et 1775. De pièce en pièce, vous remarquerez son intérêt pour l'écriture et la science, ainsi que certaines de ses découvertes et inventions, dont l'extraordinaire harmonica de verre, pour lequel Mozart et Bach composèrent !

10 **Benjamin Franklin House.** 36 Craven Street, WC2N 5NF. Métro : Charing Cross. www.benjaminfranklinhouse.org

Sōseki Museum

Le nom de Natsume Sōseki ne vous dit sûrement rien, mais vous connaissez peut-être son visage : celui-ci illustra le billet de 1 000 yens pendant 20 ans ! Auteur de nombreux romans et haïkus, il est considéré comme l'une des plus grandes figures de la ***littérature japonaise*** – l'équivalent de Dickens ou Shakespeare, ici ! Envoyé à Londres par le ministère de l'Éducation japonais entre 1900 et 1902 pour étudier la culture occidentale, il vécut très mal son exil et passa la plupart de son temps dans sa chambre, plongé dans la lecture d'œuvres britanniques et françaises. À Clapham, où il résidait, un petit musée lui est dédié. Vous découvrirez l'influence majeure que ce séjour aura sur ses écrits futurs, fortement empreints de sa vision de l'Angleterre de l'époque. Un must pour les amateurs de culture nippone !

11 **Sōseki Museum.** 80b The Chase, SW4 0NG. Métro : Clapham Common. http://soseki.intlcafe.info (le site est en japonais !)

Courants d'art

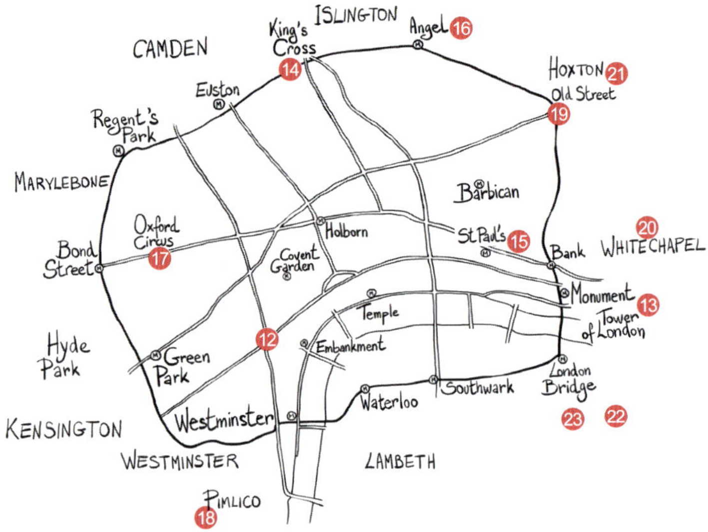

salle secrète à la National Gallery

La National Gallery est une véritable institution. Plus de quatre millions de visiteurs foulent son sol chaque année, et je suis certaine que vous avez vous-même déjà eu l'occasion d'y mettre les pieds. Mais connaissez-vous l'existence de ***la salle A*** ? Située au rez-de-chaussée du bâtiment, elle abrite les tableaux qui attendent de trouver leur place dans les collections du musée. Parmi les chefs-d'œuvre qui y sont conservés, vous trouverez des toiles de Manet, Le Caravage, Titien, Rembrandt, Raphaël et bien d'autres. J'ai un secret à vous confier, mais, s'il vous plaît, gardez-le pour vous : chaque mercredi de 14 h à 17 h 30, la salle A ouvre discrètement ses portes aux visiteurs !

12 **The National Gallery, Room A.** Trafalgar Square, WC2N 5DN. Métro : Charing Cross. www.nationalgallery.org.uk

un resto-expo

Que se cache-t-il derrière les murs de l'ancienne ***centrale hydraulique de Wapping*** ? Poussez donc la porte du bâtiment et observez par vous-même. Au rez-de-chaussée, la salle des machines transformée en restaurant dévoile un décor surréaliste : au milieu des turbines et pompes laissées en l'état, des tables et chaises ultradesign invitent à s'asseoir pour mieux contempler le spectacle. Si les gourmets y trouveront leur compte, les férus d'art continueront leur visite au sous-sol, où des artistes viennent régulièrement exposer. Comme ils ont carte blanche pour repenser l'espace, les performances sont toujours très originales. Par exemple, le styliste japonais Yohji Yamamoto invitait récemment les visiteurs à faire un tour en barque dans l'obscurité.

13 **The Wapping Project.** Wapping Hydraulic Power Station, Wapping Wall, E1W 3SG. Train : Wapping. www.thewappingproject.com

The Gagosian Gallery

À l'époque où je travaillais dans le quartier de King's Cross, il m'arrivait souvent d'aller chercher l'inspiration à la Gagosian Gallery. Ouverte en 2004, c'est la seconde galerie londonienne du marchand d'art contemporain Larry Gagosian. Dans un espace résolument moderne, elle expose des ***artistes de renommée internationale*** : Cy Twombly, Henry Moore, Takashi Murakami, Jeff Koons, Andy Warhol, Ed Ruscha et Richard Hamilton y ont notamment défilé ! En 2011, c'est Damien Hirst, un des artistes britanniques les plus controversés du moment, qui y présentait en exclusivité ses célèbres *Spot Paintings*.

14 **The Gagosian Gallery.** 6-24 Britannia Street, WC1X 9JD. Métro : King's Cross St Pancras. www.gagosian.com

Guildhall Art Gallery

Je ne savais pas du tout à quoi m'attendre en allant visiter la Guildhall Art Gallery, mais je n'ai pas été déçue ! La collection d'art de la ***municipalité de Londres***, qui comprend plus de quatre mille œuvres (exposées par roulement), est tout simplement incroyable ! Outre les nombreux dessins et peintures qui font référence aux personnages et aux événements qui marquèrent l'histoire de la ville – mouvementée, mais fascinante ! – au cours des siècles derniers, un autre trésor bien conservé vous attend au sous-sol du bâtiment. Non, ce n'est pas la peine d'insister, je ne vous en dirai pas plus…

15 **Guildhall Art Gallery & Roman London's Amphitheatre.** Guildhall Yard, Gresham Street, EC2V 5AE. Métro : Moorgate. www.guildhallartgallery.cityoflondon.gov.uk

Visite à la Guildhall Art Gallery

Estorick Collection

Vue de l'extérieur, l'Estorick Collection ne ressemble en rien à une galerie d'art conventionnelle. Cette ravissante maison de style géorgien, située dans un quartier résidentiel du nord de Londres, possède pourtant l'une des collections d'***art moderne italien*** les plus importantes au monde. Umberto Boccioni, Giacomo Balla et Gino Severini : tous les grands maîtres du futurisme qui fascinaient tant Eric Estorick y sont exposés. À visiter sans modération !

16 **Estorick Collection of Modern Italian Art.** 39a Canonbury Square, N1 2AN. Métro : Highbury & Islington. www.estorickcollection.com

The Photographers' Gallery

Une expo photo, ça vous tente ? Alors suivez-moi à la Photographers' Gallery. Première galerie indépendante spécialisée dans la photographie au Royaume-Uni, elle a su s'imposer comme une véritable référence sur la scène européenne. Elle comprend plusieurs galeries spacieuses réparties sur trois étages, un café et une librairie d'art qui compte parmi les meilleures de la capitale. Ce que j'aime avant tout, c'est qu'elle expose aussi bien des photographes de renommée internationale que des ***jeunes talents***. Parmi les rendez-vous à ne pas manquer, l'exposition annuelle dédiée aux lauréats du Deutsche Börse Photography Prize.

17 **The Photographers' Gallery.** 16-18 Ramillies Street, W1F 7LW. Métro : Oxford Circus. www.thephotographersgallery.org.uk

Pump House Gallery

C'est dimanche et vous hésitez entre une balade au parc ou une exposition, sans pouvoir vous décider ? J'ai la solution : allez donc faire un tour du côté de Battersea Park et profitez-en pour faire un saut par la Pump House Gallery. L'***ancienne station de pompage***, qui servait autrefois à alimenter les lacs et cascades artificielles du parc, fut réhabilitée à la fin des années 1980 et propose désormais des expositions dédiées aux arts visuels contemporains. Le lieu est original, et j'y ai souvent fait de bonnes découvertes ! Pratique, le centre d'information du parc se trouve dans le même bâtiment, vous pourrez donc y trouver toutes les indications nécessaires pour continuer votre visite.

18 **Pump House Gallery.** Battersea Park, 58-70 York Road, SW11 4NJ. Train : Battersea Park. www.pumphousegallery.org.uk

Street Art

Vous aimez le street art ? Il existe bien quelques galeries spécialisées à Londres dont je pourrais vous donner les adresses, mais, croyez-moi, la meilleure manière d'apprécier cet art urbain est encore d'***arpenter les rues***. Redchurch Street, Brick Lane, Corbet Place et Hackney Road à l'est comptent parmi les meilleurs *spots*. Vous aurez toutes les chances d'y apercevoir les œuvres de Roa, Eine, Stik et bien d'autres. Ouvrez grand les yeux ou vous pourriez rater les créations miniatures de Pablo Delgado et les champignons hallucinants de Christian Nagel – ils poussent sur les toits ! Arrêtez-vous également devant Village Underground, sur Great Eastern Street. Ce collectif d'artistes invite régulièrement des jeunes talents à venir s'exprimer sur ses murs.

19 **Village Underground.** Great Eastern Street, EC2A 3PQ. Métro : Old Street. www.villageunderground.co.uk

Whitechapel Gallery

La Whitechapel Gallery, fondée en 1901 afin d'introduire l'art dans les quartiers moins favorisés de l'est londonien, est une ***institution réputée*** dans le paysage artistique anglais. Elle peut se targuer d'avoir eu un jour accroché sur ses murs le célèbre *Guernica* de Pablo Picasso et d'avoir été la première galerie londonienne à exposer Jackson Pollock, Mark Rothko et Frida Kahlo. Ce n'est pas tout, elle présenta également les créations de Richard Hamilton et Eduardo Paolozzi, et servit de tremplin à de nombreux artistes britanniques comme Gilbert & George, Lucian Freud et Mark Wallinger. Vous l'aurez compris, la galerie a le don de dénicher les talents, et ses expositions temporaires déçoivent rarement. Allez-y les yeux fermés…

20 **Whitechapel Gallery.** 77-82 Whitechapel High Street, E1 7QX.
Métro : Whitechapel. www.whitechapelgallery.org

Votre entrée dans la Whitechapel Gallery

Banner Repeater

À Londres, l'art n'est pas confiné aux musées et aux galeries. Il s'affiche partout : sur les murs de la ville, dans des bars à l'atmosphère intimiste, mais aussi dans des endroits vraiment insolites. Par exemple, le ***quai n° 1 de la gare de Hackney Downs*** permet aux voyageurs d'occuper leurs temps d'attente de la manière la plus agréable qui soit : en se nourrissant d'art. Intitulé Banner Repeater, l'espace unique en son genre accueille régulièrement des expositions, performances artistiques et même des conférences. Ouvert uniquement aux heures de pointe, il comprend également une petite librairie et une salle de lecture. Vous laisserez passer plus d'un train.

21 **Banner Repeater.** Hackney Downs Railway Station, Dalston Lane E8 1LA. Train : Hackney Downs. www.bannerrepeater.org

The Old Police Station

Dans la famille des galeries atypiques, je demande The Old Police Station ! Reconverti en centre culturel, cet ***ancien commissariat*** est devenu l'un des lieux les plus « *arty* » de Deptford, un quartier du sud de Londres en pleine gentrification. Les salles d'interrogatoire, les cellules de détention et les containers de la cour extérieure ont laissé place à des petites galeries d'art indépendantes, des studios d'artiste et des salles de répétition pour les groupes locaux. L'ambiance est étrange et intimiste, on déambule d'une pièce à l'autre, sans trop savoir à quoi s'attendre. Tous les derniers vendredis du mois, l'ancienne salle des empreintes se transforme en bar et des performances *live* sont organisées.

22 **The Old Police Station.** 114 Amersham Vale, SE14 6LG. Train : New Cross Gate. www.theoldpolicestation.org

Institute of Contemporary Arts

Fondé en 1947 par un collectif d'artistes, poètes et écrivains révolutionnaires comme un « ***laboratoire d'expérimentation artistique*** », l'ICA est l'un des centres artistiques et culturels les plus intéressants de la ville. L'art s'y invite sous toutes ses formes : films, installations, arts visuels, concerts, performances, littérature, poésie, etc. La programmation est éclectique, internationale, et surtout pointue – mais toujours accessible ! L'ICA offre un avant-goût de l'art de demain, et on n'aurait pas pu rêver mieux !

12 **Institute of Contemporary Arts.** The Mall, SW1Y 5AH. Métro : Charing Cross. www.ica.org.uk

South London Gallery

Lorsque je m'aventure au sud de Londres pour rendre visite à mon amie Dine, j'en profite habituellement pour faire un crochet par la South London Gallery. Située dans le bâtiment adjacent à l'école d'art de Camberwell, cette institution abrite non seulement une remarquable collection d'art moderne et contemporain, mais aussi l'un de mes cafés préférés ! Avec des ***expositions temporaires*** régulièrement renouvelées – une dizaine par an en moyenne – et des animations fréquentes (artistes en résidence, films, conférences et ateliers éducatifs), il y a toujours quelque chose à voir. Si vous aviez besoin d'une excuse pour aller visiter Peckham Rye, celle-ci tient en trois lettres : SLG.

23 **South London Gallery.** 65-67 Peckham Road, SE5 8UH. Train : Peckham Rye. www.southlondongallery.org

Visite au musée

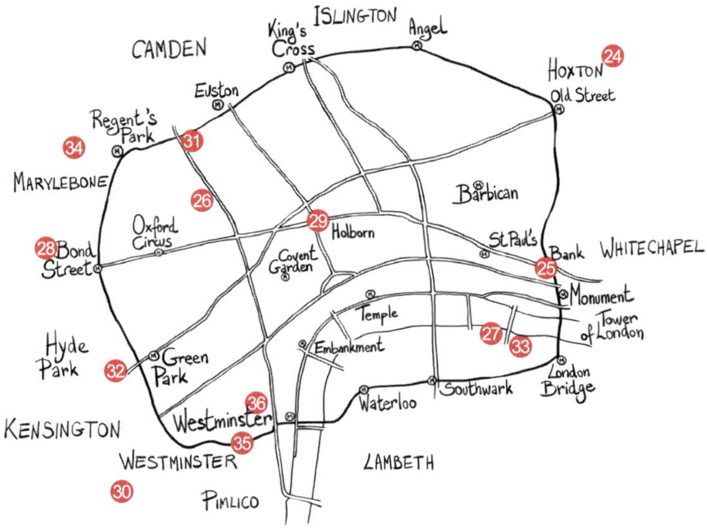

Geffrye Museum

C'est dans un ancien hospice du XVIIIe siècle, rénové avec charme, que se loge aujourd'hui le Geffrye Museum. Construit tout en longueur, le bâtiment se prête bien à l'exercice : observer l'évolution des ***intérieurs domestiques anglais*** à travers le temps. Onze pièces se succèdent en enfilade, chacune d'elles dédiée à une époque précise, ce qui vous permettra de voyager des années 1600 à nos jours. Du mobilier caractéristique de l'époque au choix des papiers peints, en passant par les peintures au mur et le style des rideaux, tout a été choisi dans les moindres détails pour reproduire le plus fidèlement possible un salon typique de la classe moyenne anglaise. Fascinant !

24 **Geffrye Museum.** 136 Kingsland Road, E2 8EA. Métro : Old Street. Train : Hoxton. www.geffrye-museum.org.uk

Bank of England Museum

Située au cœur de la City, la Banque d'Angleterre est vraisemblablement un des bâtiments les mieux protégés du royaume. Il vous faudra donc déjouer les contrôles de sécurité dignes d'un aéroport, pour pénétrer à l'intérieur de la ***vieille dame de Threadneedle Street***. Une fois cette mission réussie, il vous sera permis d'accéder à un petit joyau : The Bank of England Museum. Ce musée se penche sur l'histoire et le rôle de l'institution britannique dans le système financier depuis sa création en 1694 jusqu'à nos jours. Parmi les objets exposés, vous trouverez une impressionnante collection de billets de banque, des documents concernant certains clients célèbres et même un véritable lingot d'or que vous aurez l'opportunité de soupeser. N'essayez pas de vous enfuir avec, vos efforts seraient vains !

25 **Bank of England Museum.** Bartholomew Lane, Threadneedle Street, EC2R 8AH. Métro : Bank. www.bankofengland.co.uk/museum

Pollock's Toy Museum

Ah, qu'il est loin le temps de l'enfance ! Les journées à l'école, l'heure du goûter, les vacances d'été avec les copains, mais surtout les longues heures passées à jouer. Si vous rêvez de remonter le fil des années, une visite au Pollock's Toy Museum devrait vous enchanter. Niché à l'étage d'une minuscule maison victorienne, ce musée ressemble à un ***grenier extraordinaire*** ! À l'intérieur, des vieux jouets de toutes sortes et de toutes les époques s'entassent du sol au plafond, derrière des vitrines poussiéreuses et faiblement éclairées : locomotives, poupées de cire, jeux de société, cheval à bascule, oursons en peluche, marionnettes et théâtres de papier. Un lieu à l'atmosphère et au charme particuliers, qui saura séduire les petits comme les grands.

26 **Pollock's Toy Museum.** 1 Scala Street, W1T 2HL. Métro : Goodge Street. www.pollockstoymuseum.com

Shakespeare's Globe Theatre Museum

Situé sur la rive sud de la Tamise, le Shakespeare's Globe Theatre abrite un petit bijou de musée qui contient une mine d'informations sur le théâtre et sa reconstruction, mais aussi sur l'époque de Shakespeare et la manière dont les Londoniens se divertissaient. En quoi consistait le ***bear-baiting***, ce loisir populaire aujourd'hui disparu ? Quelle était la signification des drapeaux colorés flottant au-dessus des théâtres ? D'où vient l'expression box-office ? Comment les effets spéciaux étaient-ils réalisés à l'ère élisabéthaine ? Ces questions et bien d'autres y trouveront leurs réponses.

27 **Shakespeare's Globe Theatre.** 21 New Globe Walk, SE1 9DT. Métros : Blackfriars / London Bridge. www.shakespearesglobe.com

Le surprenant décor du théâtre

The Museum of Brands, Packaging and Advertising

Depuis 2005, The Museum of Brands, Packaging and Advertising fait le plaisir des curieux et passionnés de design. Si l'endroit est surprenant, son histoire l'est plus encore. Elle commence en 1963, lorsqu'un jeune homme du nom de Robert Opie décide de conserver précieusement le papier d'emballage de la barre chocolatée qu'il vient de manger. Très rapidement, cette manie tourne à l'obsession, et il se met à ramasser tout ce qui lui tombe sous la main : produits alimentaires et ménagers, jouets, magazines, journaux, accessoires de mode, et autres objets divers et variés. Aujourd'hui, cette collection comprend ***plus de 12 000 objets*** ! Mes coups de cœur : les paquets de céréales Kellogg's vintage, l'évolution du design des canettes Coca-Cola et, tout comme l'incroyable monsieur Opie, les emballages de barres chocolatées d'antan ! Y retrouverez-vous des souvenirs vous aussi ?

28 **The Museum of Brands, Packaging and Advertising.** 2 Colville Mews, Lonsdale Road, W11 2AR. Métro : Notting Hill Gate. www.museumofbrands.com

The Cartoon Museum

La bande dessinée est un art, elle méritait donc bien son musée ! C'est chose faite depuis l'ouverture en 2006 du London Cartoon Museum. Visant à célébrer la ***bande dessinée dans tous ses états***, cet espace d'exposition présente un panorama du neuvième art depuis les années 1800. Des personnages de bandes dessinées préférés de la jeunesse britannique aux dessinateurs de presse les plus en vogue outre-Manche, il renferme plus de 1 500 œuvres dont de nombreuses planches et dessins originaux. Les illustrations, notamment certaines caricatures de la famille royale, en disent long sur l'humour british. Une bibliothèque bien fournie est également accessible sur rendez-vous.

29 **The Cartoon Museum.** 35 Little Russell Street, WC1A 2HH. Métros : Holborn/Tottenham Court Road. www.cartoonmuseum.org

Wimbledon Lawn Tennis Museum

Wimbledon est incontestablement le tournoi de tennis le plus prestigieux au monde. Chaque année, au mois de juin, les billets s'arrachent, et il n'y en pas pour tout le monde. Si vous n'avez pu pénétrer dans ce ***temple légendaire du sport***, il vous reste une autre option : visiter le Wimbledon Lawn Tennis Museum. Ouvert toute l'année, ce musée présente l'histoire du tennis sur gazon de 1555 à nos jours. Certes, vous n'aurez pas l'occasion d'assister à un match en direct, mais vous pourrez tout de même vous extasier devant le gazon mythique du court central, voir les vestiaires des joueurs professionnels, admirer les trophées étincelants du club et contempler tout un tas d'objets appartenant aux plus grands champions de Wimbledon ! Un endroit à visiter sans faute pour tous les fans de tennis.

30 **Wimbledon Lawn Tennis Museum.** The All England Lawn Tennis and Croquet Club, Church Road, SW19 5AE. Métros : Southfields/Wimbledon Park. www.wimbledon.com/visiting/museum

Petrie Museum of Egyptian Archaeology

Si les civilisations anciennes et mystérieuses vous fascinent, je vous propose de me suivre pour une expédition à l'intérieur du campus de l'UCL. C'est là, à travers le dédale des bâtiments universitaires, que vous aurez la chance de découvrir une chambre secrète : The Petrie Museum of Egyptian Archaeology. Nommé ainsi en hommage à l'archéologue William Flinders Petrie, ce petit temple dédié à la ***culture égyptienne*** contient plus de quatre-vingt mille objets, dont certains vieux de plus de 6 000 ans ! Parmi les nombreux trésors à découvrir, citons un squelette datant d'au moins 4 000 ans, un fragment du premier calendrier, le plus ancien papyrus gynécologique et des ustensiles de cuisine de la période romaine.

31 **Petrie Museum of Egyptian Archaeology.** University College London, Malet Place, WC1E 6BT. Métro : Euston Square. www.ucl.ac.uk/museums/petrie

Grant Museum of Zoology

Fondé en 1827 par le zoologiste et scientifique britannique Robert Grant, le Grant Museum of Zoology est un véritable ***cabinet d'histoire naturelle***. Animaux naturalisés ou conservés dans des bocaux, ossements et insectes séchés : au total, ce sont plus de soixante-sept mille spécimens constituant un merveilleux assemblage que vous pourrez observer de près… très près ! Admirez des espèces disparues, comme le tigre de Tasmanie, l'élan irlandais ou le zèbre des plaines et testez vos connaissances grâce aux contenus interactifs proposés. Le musée offre même la possibilité originale d'adopter une pièce de la collection. Entre le squelette d'un anaconda et la défense d'un mammouth, le choix risque de s'avérer difficile !

31 **Grant Museum of Zoology.** University College London, 21 University Street, WC1E 6DE. Métro : Euston Square. www.ucl.ac.uk/museums/zoology

The Vault

Savez-vous que c'est à Londres que fut ouvert, en 1971, le premier Hard Rock Café ? Il se situe sur Old Park Lane, à deux pas de Hyde Park Corner. Au sous-sol de cet établissement mythique se trouve The Vault. Cette ***pièce quasi secrète***, qui servait autrefois de chambre forte à la banque Coutts – une institution privée qui compte la reine d'Angleterre parmi ses clients ! – protège aujourd'hui les richesses des plus grandes légendes du rock. Vous y trouverez notamment les guitares de Jimmy Hendrix, David Bowie, Kurt Cobain, Bob Dylan et Glen Matlock ! Des Beatles à Madonna, en passant par The Rolling Stones et The Who, toutes les figures emblématiques de la musique y ont laissé un peu d'elles-mêmes.

32 **Hard Rock Café London.** 150 Old Park Lane, W1K 1QZ. Métro : Hyde Park Corner. www.hardrock.com

The Old Operating Theatre Museum & Herb Garret

Dissimulé dans la mansarde d'une ancienne église, vous trouverez l'un des musées les plus improbables de la capitale : The Old Operating Theatre Museum & Herb Garret. À l'intérieur : un cabinet d'apothicaire, des instruments chirurgicaux anciens et une ***salle d'opération*** qui rendent compte des conditions de soins effrayantes du début du XIXe siècle. Vous y apprendrez qu'à l'époque les gens les plus riches se faisaient opérer à leur domicile (le plus souvent sur la table de la cuisine !), alors que les plus pauvres étaient « charcutés » à l'hôpital, sous le regard attentif des internes. Comme les antiseptiques et les anesthésiques n'existaient pas, seules les interventions « mineures » étaient réalisées : saignées, trépanations, amputations ! Croyez-moi, vous verrez la médecine autrement !

33 **The Old Operating Theatre Museum & Herb Garret.** 9a St Thomas Street, SE1 9RY. Métro : London Bridge. www.thegarret.org.uk

The Sherlock Holmes Museum

Si vous êtes un admirateur de Sherlock Holmes, partez sur ses traces et rendez-vous au 221b Baker Street. À l'adresse mythique qu'il partageait avec le docteur Watson, vous trouverez une maison victorienne à trois étages dans laquelle l'univers du célèbre détective a été fidèlement recréé. Intérieur d'époque, objets qui lui étaient chers et ***accessoires tirés***

La salle d'opération de l'époque

de ses différentes aventures : au Sherlock Holmes Museum, tout est fait dans le détail, si bien que l'on finit par se demander si le personnage inventé par sir Arthur Conan Doyle n'a pas réellement existé ! Le soleil pointe son nez ? Offrez-vous un livre à la boutique et prolongez l'expérience par une séance de lecture sur un banc de Regent's Park, qui se trouve juste au bout de la rue.

34 **The Sherlock Holmes Museum.** 221b Baker Street, NW1 6XE. Métro : Baker Street. www.sherlock-holmes.co.uk

The Crime Museum

Il faut que je vous parle d'un musée que je n'ai, à mon plus grand regret, jamais eu l'occasion de visiter : The Crime Museum. Peu de personnes connaissent son existence et, c'est normal, car à moins de travailler pour Scotland Yard, vos chances d'y pénétrer son infimes… Situé à l'intérieur des quartiers généraux de la Metropolitan Police, il renfermerait les effets personnels de certains des plus ***grands criminels*** qui ont marqué l'histoire du Royaume-Uni (Jack l'Éventreur, Dennis Nilsen, The Kray Twins, John George Haigh) et toute une collection d'objets aussi horribles qu'insolites utilisés comme pièces à conviction dans divers procès. C'est ici que les spécialistes en criminologie viendraient chercher l'inspiration pour résoudre leurs enquêtes. Chers lecteurs, si vous trouvez un moyen d'y entrer, je vous en supplie, faites-le moi savoir !

35 **The Crime Museum.** New Scotland Yard, 8-10 Broadway, SW1H 0BG. Métro : St James's Park. www.met.police.uk/history/crime_museum.htm

Cabinet War Rooms

C'est depuis un vaste abri souterrain conçu en 1938 à proximité de Westminster que Winston Churchill dirigea les opérations de la Seconde Guerre mondiale. Fermées au lendemain de guerre, les Cabinet

War Rooms ont rouvert leurs portes au public en 1984 et, à l'intérieur, tout est resté intact comme à l'époque. Vous verrez la pièce dans laquelle le chef d'État se réunissait avec son ***cabinet de guerre***, le téléphone qui le reliait directement à la Maison Blanche, le bureau depuis lequel il prononça certains de ses plus célèbres discours, ses appartements privés et la salle des cartes où l'avancée des troupes était tracée à l'aide d'épingles et de fils de laine. Le ticket d'entrée donne aussi accès au ***Churchill Museum***, qui explore la vie et la carrière politique de « l'homme au cigare ». Incroyable, je crois que j'aurais pu y passer la nuit !

36 **Churchill War Rooms.** Clive Steps, King Charles Street, SW1A 2AQ. Métros : St James's Park/Westminster. www.iwm.org.uk/visits/churchill-war-rooms

Les téléphones de couleur du cabinet de guerre

Horizons musicaux

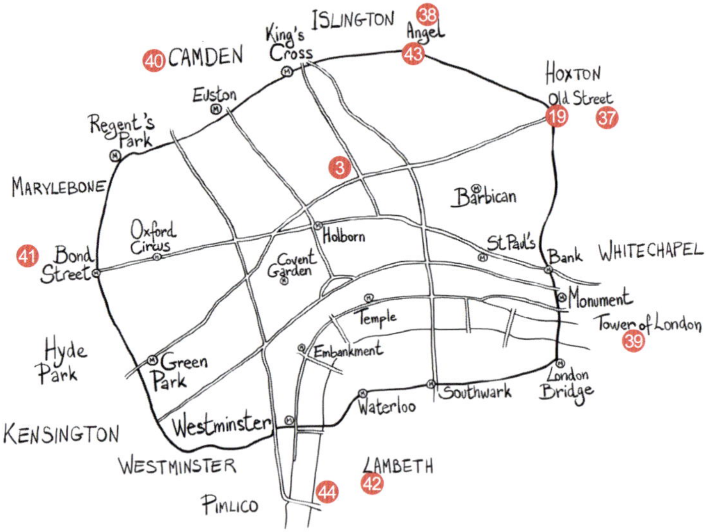

Electroacoustic Club

À première vue, The Slaughtered Lamb ressemble à un pub comme les autres : un endroit bruyant où la bière coule à flots. Pourtant, si vous descendez au sous-sol, vous serez surpris de découvrir une tout autre atmosphère. Bienvenue à l'Electroacoustic Club, une petite salle de concert que j'apprécie tout particulièrement. Avec sa déco rétro – moquette au sol et fauteuils Chesterfield ! – sa lumière tamisée et sa scène à la hauteur du public, c'est un lieu à la fois ***intimiste et cosy*** ! L'entrée dépasse rarement les £10 et vous pouvez généralement acheter vos billets sur place, à la dernière minute. Du folk à la musique électronique en passant par la pop, le blues et le jazz, c'est l'endroit idéal pour passer une bonne soirée.

37 **Electroacoustic Club, The Slaughtered Lamb.** 34-35 Great Sutton Street, EC1V 0DX. Métro : Barbican

Union Chapel

L'Union Chapel, située à Islington, est probablement l'église de Londres qui compte le plus de mélomanes avertis parmi ses fidèles. D'une capacité de huit cents personnes, elle accueille régulièrement les ***fans de rock*** de tous les coins de la ville, et pas seulement le dimanche ! Ils y viennent, non pas pour écouter des prières et des sermons, mais bien des chants qui n'ont rien de religieux. Patti Smith, U2 et Björk sont entre autres passés par là. Avec son architecture gothique grandiose et ses magnifiques vitraux, je vous mets au défi de trouver un cadre plus divin pour un concert.

38 **Union Chapel.** Compton Terrace, N1 2UN. Métro : Highbury & Islington. www.unionchapel.org.uk

Wilton's Music Hall

Wilton's est le plus ancien music-hall et c'est aussi, à mon humble avis, la salle de spectacle la plus extraordinaire de la capitale ! Haut lieu du divertissement pendant la seconde moitié du XIXe siècle, les Londoniens y venaient en soirée pour dîner et assister à des spectacles de variété. Aujourd'hui, des concerts, mais aussi des pièces de théâtre et des soirées cabaret y ont encore lieu. Malgré son état de délabrement, la ***salle mythique*** a conservé toute sa grandeur. Son auditorium, avec ses ornements, ses balcons et ses peintures créent une atmosphère à la fois magique et merveilleuse.

39 **Wilton's Music Hall.** 1 Graces Alley, E1 8JB. Métros : Aldgate East/Tower Hill. http://wiltons.org.uk

Cecil Sharp House

À la Cecil Sharp House, les soirées sont toujours bien animées ! Et pour cause : c'est dans ce bâtiment des années 1930, situé à l'orée de Regent's Park, que se trouve le siège de l'English Folk Dance and Song Society. Son objectif : promouvoir les musiques, danses et ***chansons populaires anciennes*** et traditionnelles. Les concerts et les représentations se déroulent toujours dans une ambiance festive et décontractée, et que vous soyez fan de musique folk ou que vous ayez tout simplement envie d'essayer quelque chose de nouveau, vous êtes assuré de passer un bon moment ! Entre *ceilidh* irlandais et danses Morris, saurez-vous sur quel pied danser ?

40 **Cecil Sharp House.** 2 Regent's Park Road, NW1 7AY. Métro : Camden Town. www.efdss.org

The Nightjar

Le meilleur ***club de jazz*** de la ville ? Je l'ai trouvé derrière une porte close, à deux pas du rond-point d'Old Street. L'ambiance sombre et feutrée du lieu rappelle l'atmosphère des *speakeasies*, les débits clandestins qui existaient aux États-Unis au début des années 1920, pendant la Prohibition. Rassurez-vous, ici la consommation de boissons alcoolisées est bien légale ! La carte des cocktails, classés par époque, est impressionnante et les mixologistes du Nightjar sauront vous recommander une de leurs concoctions originales.

19 **The Nightjar.** 129 City Road, EC1V 1JB. Métro : Old Street. www.barnightjar.com

Ginglik

Généralement, passer sa soirée aux toilettes n'est pas bon signe. À moins que celles-ci ne se trouvent du côté de Shepherd's Bush et affichent le nom de Ginglik. Situées en souterrain, ces ***toilettes publiques*** furent construites en 1908 à l'occasion des premiers Jeux olympiques de Londres. Reconverties en club au début des années 2000, le lieu accueille régulièrement des concerts, soirées DJ, spectacles de cabaret et one-man shows. L'entrée, discrète, se fait par un escalier à l'angle de Shepherd's Bush Green.

41 **Ginglik.** 1 Shepherd's Bush Green, W12 8PH. Métro : Shepherd's Bush. www.ginglik.co.uk

The Windmill

Si vous aimez les endroits atypiques, vous adorerez The Windmill, un ***bar à concerts*** très prisé par les jeunes et les artistes de Brixton. Le lieu ressemble à un bâtiment préfabriqué des années 1970, un rottweiler répondant au nom de Roof Dog se promène sur le toit, et les bières s'achètent avec des billets à l'effigie de David Bowie – les fameux Brixton Pounds ! Bloc Party, Hot Chip et British Sea Power font partie des talents qui s'y sont produits avant d'être entendus à la radio.

42 **The Windmill.** 22 Blenheim Gardens, Brixton, SW2 5BZ. Métro : Brixton. http://windmillbrixton.co.uk

Rough Trade

La réputation de Rough Trade Records n'est plus à faire. Fondé par Geoff Travis en 1978, le label britannique indépendant s'est fait un nom dans le paysage musical en signant des groupes comme The Smiths, The Libertines et The Strokes. Bon à savoir, sa boutique de Brick Lane se transforme régulièrement en ***showcase*** pour les groupes qui viennent faire la promotion de leur dernier album ou EP. Les concerts sont gratuits, mais il vous faudra probablement faire la queue pour obtenir le précieux sésame. Vous pourrez aussi profiter de votre visite pour vous procurer une des compilations du label, toujours de qualité, ou dénicher une édition limitée en vinyle.

39 **Rough Trade East.** Dray Walk, 91 Brick Lane, Old Truman Brewery, E1 6QL. Métros : Aldgate East/Liverpool Street

Bandstand Busking

Ils sont octogonaux ou rectangulaires, on les trouve dans la plupart des grands parcs londoniens, et pourtant on passe à côté d'eux sans les remarquer. De quoi parle-t-on ? Des ***kiosques à musique***, bien sûr ! À force de voir les promeneurs s'y rassembler pour s'abriter de la pluie, j'en avais presque oublié leur fonction première. C'était avant d'entendre parler de Bandstand Busking, un collectif qui s'est fixé pour mission de redonner vie à ces petits pavillons de jardin en invitant des artistes, aussi bien locaux qu'internationaux, à venir y jouer. Sans le savoir, vous pourriez bien tomber sur votre groupe préféré au coin de la rue !

43 **Northampton Square Garden**. Métro : Angel. Pour plus d'informations sur les groupes et les dates de concerts : http://bandstandbusking.com

Un charmant kiosque à musique

Proud Camden

Situé au cœur du célèbre marché aux puces de la ville, Proud Camden compte parmi les lieux les plus improbables de la capitale. Le bâtiment, qui servait autrefois d'***hôpital pour les chevaux*** qui tiraient les péniches sur le Regent's Canal, a été entièrement réaménagé en l'une des salles de concert les plus branchées de la capitale. La pièce principale accueille chaque soir des groupes de musique (rock, hip-hop, électro) et DJ qui font vibrer la jeunesse londonienne jusqu'aux premières heures du matin, tandis que les boxes individuels, tous décorés selon un thème différent (rock'nroll, cosy, kitch, lounge), tiennent lieu de bar. En journée, l'espace est utilisé comme galerie photo et la terrasse offre un endroit agréable pour boire un verre.

40 **Proud Camden.** The Horse Hospital, Stables Market, Chalk Farm Road, NW1 8AH. Métro : Chalk Farm. www.proudcamden.com

Bloomsbury Live

Au sous-sol de l'hôtel Tavistock se trouve un ***club de bowling*** au look rétro qui vous transportera directement dans l'Amérique des années 1950. En plus de posséder plusieurs pistes pour les accrocs du jeu de quilles, il dispose aussi d'un bar à cocktails et d'un *diner* qui sert de délicieux burgers. Les amateurs de musique y trouveront également leur compte : des groupes sont régulièrement invités, et des soirées DJ à thème sont organisées le week-end. Si vous préférez pousser la chansonnette, vous pouvez aussi louer une cabine de karaoké privative ! Vous l'aurez compris, Bloomsbury Bowling Lanes réunit tous les ingrédients pour une soirée réussie entre amis…

3 **Bloomsbury Bowling Lanes.** Tavistock Hotel, Bedford Way, WC1H 9EU. Métro : Russell Square. www.bloomsburybowling.com

Roller Disco

Vous souvenez-vous de la scène du film *La Boum* dans laquelle Sophie Marceau, alias Vic, danse sur une piste de roller éclairée d'une boule à facettes ? Eh bien, figurez-vous qu'il existe un endroit à Londres où il est possible de revivre cette scène légendaire ! The Renaissance Rooms, à Vauxhall. Chaque semaine, du jeudi au samedi, les soirées roller disco sauront vous replonger dans la ***fièvre des années 1980***. L'occasion idéale pour ressortir votre veste à paillettes, justaucorps et guêtres fluorescentes du placard. Une fois paré, il ne vous restera plus qu'à chausser vos patins à roulettes avant de vous élancer sur la piste.

44 **Roller Disco, The Renaissance Rooms.** Miles Street, SW8 1RZ. Métro : Vauxhall. www.rollerdisco.com

L'ambiance décontractée du roller disco

Arts en scène !

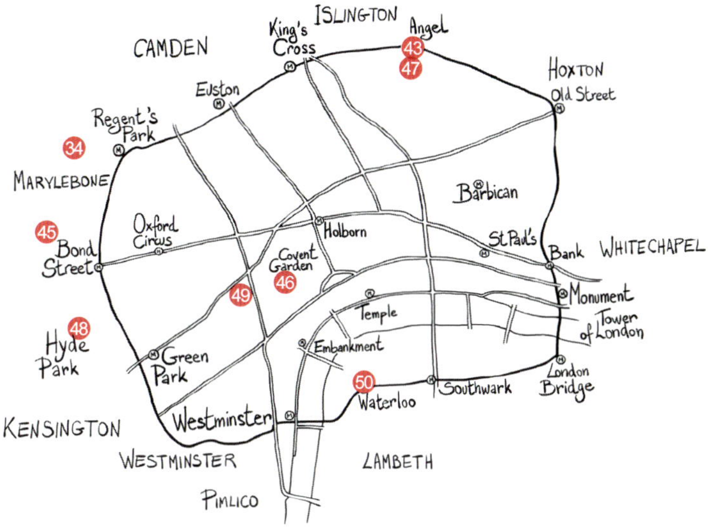

Electric Cinema

Messieurs, si vous cherchez un endroit pour passer une soirée romantique avec votre compagne et que vous êtes à court d'idées, laissez-moi vous suggérer l'Electric Cinema : c'est le plus vieux de la ville ! Il existe en effet depuis 1910 et, vous le verrez, il a conservé tout le charme d'un cinéma à l'ancienne. Ses larges ***fauteuils en cuir rouge*** avec repose-pieds sont vraiment confortables, mais c'est surtout ses canapés deux places, à l'arrière de la salle, qui sauront épater Madame ! La salle dispose également de son propre bar. Le champagne me semble être une option appropriée, mais je vous laisse décider…

45 **Electric Cinema.** 191 Portobello Road, W11 2ED. Métro : Ladbroke Grove. www.electriccinema.co.uk

Secret Cinema

Vous êtes un cinéphile averti et vous aimez les expériences insolites ? Alors Secret Cinema est fait pour vous ! Le concept : une soirée cinéma pas comme les autres, qui vous plonge dans l'univers d'un ***film culte*** et vous donne la possibilité d'en devenir vous-même l'acteur. Le titre du film et le lieu de projection (un entrepôt désaffecté, un tunnel, un hôpital !) sont tenus secrets jusqu'à la dernière minute, mais une fois vos billets achetés, vous recevrez par e-mail des indices qui vous mettront sur la piste, ainsi que des instructions qui vous permettront de mener à bien votre mission. Certes, la séance est un peu chère, mais comprenez bien que Secret Cinema, c'est bien plus que du cinéma…

Secret Cinema. Rendez-vous sur le site Internet et inscrivez-vous à la liste de distribution pour connaître les dates des prochains événements : www.secretcinema.org

Circus London

Si vous aimez les endroits au design branché et décalé, ne manquez pas d'aller dîner chez Circus à Covent Garden. Le décor de ce ***bar-restaurant-cabaret***, sorti tout droit de l'imagination du designer Tom Dixon, est fabuleusement surréaliste. Largement inspiré de l'univers du cirque, l'endroit prend vie une fois la nuit venue, lorsque les artistes viennent agrémenter le dîner par leurs numéros. Les danseuses burlesques, cracheurs de feu, équilibristes et acrobates en tout genre s'invitent à la table principale, qui se termine ingénieusement par des escaliers. Le spectacle, comme le contenu de l'assiette, est à la fois surprenant et excellent !

46 **Circus.** 27-29 Endell Street, WC2H 9BA. Métro : Covent Garden. www.circus-london.co.uk

Poetry Café

Les poètes n'ont pas disparu, et une soirée au Poetry Café laisserait même penser que cet art est en pleine renaissance ! Ballades et lectures poétiques, slam, *spoken word*… les passionnés du genre se retrouvent presque tous les jours de la semaine dans ce petit restaurant de Covent Garden pour écouter les artistes déclamer leurs textes en vers, en prose ou en musique. Un véritable ***tourbillon de mots et d'émotions*** ! Chaque mardi, les micros sont ouverts aux écrivains et poètes amateurs. Si vous n'imaginez pas monter sur scène, venez quand même applaudir les courageux !

46 **The Poetry Café.** 22 Betterton Street, WC2H 9BX. Métro : Covent Garden. www.poetrysociety.org.uk/content/cafe

Sadler's Wells

Le Sadler's Wells Theatre est l'un de ces établissements culturels dont j'aimerais être la directrice artistique ! Haut lieu de la ***danse contemporaine*** internationale, il offre à chaque saison une programmation éclectique dont il serait bien difficile de se lasser. Pour vous en donner un bref aperçu, j'ai eu l'occasion d'assister à des représentations aussi diverses que *Cinderella* (un ballet de Prokofiev merveilleusement revisité par Matthew Bourne !), un spectacle de flamenco et un show de danse hip-hop.

47 **Sadler's Wells Theatre & the Lilian Baylis Studio.** Rosebery Avenue, EC1R 4TN. Métro : Angel. www.sadlerswells.com

Spark London

Si vous aimez que l'on vous raconte des histoires, les soirées Spark London sont faites pour vous ! Le format : des inconnus ont 7 minutes maximum pour ***raconter une histoire*** à leur public sur un thème prédéfini. Parmi les narrateurs qui montent sur scène, vous entendrez quelques acteurs et comédiens, mais également des gens comme vous et moi qui sont simplement motivés par l'envie de partager des faits marquants, anecdotes amusantes et autres expériences personnelles. Qui a dit que les histoires avant d'aller au lit étaient réservées aux enfants ?

48 **Canal Café Theatre.** Delamere Terrace, W2 6ND. Métro : Warwick Avenue.

La plupart des soirées storytelling ont lieu les lundis au Canal Café Theatre, à Little Venice, mais les dates et lieux peuvent varier. Le mieux est de consulter leur site Internet : www.sparklondon.com

The Comedy Store

Attention, vous risquez d'être pris d'une crise de rire si vous vous rendez au Comedy Store. Situé à Soho, ce club dédié à l'***humour british*** voit défiler chaque soir sur sa scène les meilleurs talents comiques de la ville. Si les comédiens britanniques les plus connus (Mike Myers, Jerry Seinfeld, Eddie Izzard, Michael McIntyre) y font régulièrement leur apparition, il offre également l'opportunité de découvrir des artistes prometteurs.

49 **The Comedy Store.** Haymarket House, 1a Oxendon Street, SW1Y 4EE. Métro : Piccadilly Circus. www.thecomedystore.co.uk

British Film Institute

Le BFI est connu et reconnu pour ses rétrospectives, ses conférences et ses expositions dédiées au septième art. Mais avez-vous déjà fait une halte par sa ***médiathèque*** ? Celle-ci propose de visionner gratuitement une sélection des archives : au total, plus de deux mille films, documentaires, et programmes télévisés qui ont marqué l'histoire du petit comme du grand écran sont accessibles d'un simple clic de souris ! Après avoir réservé votre cabine privative, il ne vous restera plus qu'à mettre vos écouteurs et à faire votre choix !

50 **BFI Southbank.** Belvedere Road, SE1 8XT. Métro : Waterloo. www.bfi.org.uk

L'entrée du Comedy Store

The Old Vic Tunnels

En 2010, Kevin Spacey, le directeur artistique du théâtre The Old Vic (et l'acteur, oui !), a la bonne idée de racheter à la société des chemins de fer britannique un ensemble de ***tunnels désaffectés*** situés sous la gare de Waterloo. Deux ans plus tard, The Old Vic Tunnels compte parmi les espaces culturels les plus *underground* de la capitale, et à juste titre ! S'étendant sur une surface de près de trente mille mètres carrés, il accueille régulièrement des manifestations artistiques et *happenings* en tout genre (la première du film *Exit Through The Gift Shop* de l'artiste Banksy, un restaurant pop-up du chef étoilé Nuno Mendes ou encore un spectacle de la troupe de théâtre avant-gardiste Punchdrunk…) !

50 **The Old Vic Tunnels.** Station Approach Road, Tunnel 228, SE1 8SW. Métro : Waterloo. www.oldvictunnels.com

The King's Head Theatre

C'est un ami qui m'a fait découvrir le merveilleux King's Head Theatre. Fondé en 1970 dans l'***arrière-salle d'un pub*** d'Islington, ce petit théâtre de cent vingt places fut le premier pub-théâtre à Londres comme on les connaît aujourd'hui. Nombre de ses productions remportèrent un tel succès qu'une quarantaine d'entre elles furent transférées, certaines jusqu'à Broadway, et des acteurs comme Kenneth Branagh, Alan Rickman, Hugh Grant, Gary Oldman et Clive Owen sont passés sur ses planches avant de devenir célèbres. Depuis 2010, il propose également des opérettes ! Lors de votre passage, ne manquez pas de jeter un œil aux murs, tapissés de photos et messages de célébrités.

43 **The King's Head Theatre.** 115 Upper Street, N1 1QN. Métro : Angel. www.kingsheadtheatre.org

Little Angel Theatre

Vous ne savez pas comment occuper les enfants pendant votre séjour ? Emmenez-les au Little Angel Theatre à Islington ! Créé en 1961 par Lyndie et John Wright, ce petit théâtre spécialisé dans l'***art de la marionnette***, présente ses propres productions, mais accueille également les spectacles des meilleures compagnies d'ici et d'ailleurs. Marionnettes traditionnelles, théâtre d'ombres, pantomimes, masques… un moment magique que les petits comme les grands ne sont pas près d'oublier !

43 **Little Angel Theatre.** 14 Dagmar Passage, N1 2DN. Métro : Angel.
www.littleangeltheatre.com

Open Air Theatre

Regent's Park est l'endroit idéal pour profiter d'une belle soirée d'été. De mai à septembre, son théâtre en plein air, situé ***au cœur du parc***, met à l'honneur, comme chaque année depuis 1932, le plus grand dramaturge britannique : j'ai nommé monsieur William Shakespeare ! J'y ai vu *Roméo et Juliette* il y a quelques années et je peux vous assurer que le décor était vraiment fabuleux. Pensez à apporter une couverture si vous souhaitez pique-niquer sur la pelouse, ou pour le soir.

34 **Regent's Park, Open Air Theatre.** Inner Circle, NW1 4NU. Métro : Baker Street.
www.openairtheatre.org

Le Londres artistique de Tom

Tom, 29 ans, est originaire du nord-est de l'Angleterre. Comme beaucoup d'autres, il a débarqué à Londres après ses études, des étoiles plein les yeux, à la recherche d'un avenir professionnel. Pari réussi puisqu'il travaille aujourd'hui au Shakespeare's Globe Theatre, l'un des plus célèbres théâtres de la ville.

Quel est ton rôle au Globe ?

Je suis producteur exécutif, ce qui veut dire que je m'occupe de la plupart des aspects commerciaux et artistiques des productions du Globe.

Si tu devais donner une seule raison aux personnes visitant Londres de venir au Globe, quelle serait-elle ?

C'est l'un des théâtres les plus atypiques que vous aurez la chance de visiter ! Il y a aussi une vraie proximité et un échange, entre les acteurs et le public. Faites-moi confiance et réservez une place dans le *yard* (places debout, au pied de la scène), cela vous en coûtera seulement cinq livres et vous ne l'oublierez jamais !

Quel est le projet sur lequel tu as travaillé dont tu es le plus fier ?

Le Globe to Globe Festival que nous avons mis en place en 2012. Pendant six semaines, trente-huit compagnies de théâtre des quatre coins du monde se sont relayées sur la scène du théâtre pour y jouer une pièce de Shakespeare dans leur propre langue : de *La Nuit des rois* en hindi, en passant par *Le Marchand de Venise* en israélien et *Peines d'Amour Perdues* en langage des signes ! Pendant près d'un an, j'ai voyagé autour du globe pour rencontrer et auditionner ces troupes de théâtre. C'était un projet très ambitieux et un véritable challenge à organiser.

Quels autres théâtres recommanderais-tu ?

J'aime beaucoup la programmation du Barbican Centre, qui propose toujours des productions internationales de qualité et agréablement variées. Je fréquente aussi régulièrement le Young Vic Theatre, l'Arcola Theatre et le Battersea Arts Centre.

D'autres salles de spectacles que tu conseillerais ?

Wilton's Music Hall, près de Whitechapel, est un endroit vraiment charmant et l'une de mes salles de spectacles préférées. Le bâtiment à lui seul vaut la visite, tout comme le Mahogany Bar, qui se trouve à l'intérieur. Occasionnellement, j'aime aussi aller à la Royal Opera House. C'est l'un des intérieurs les plus remarquables de la capitale, à la fois élégant, glamour et somptueux !

Dis-moi un secret à propos du Globe ?
Nous ne produisons pas seulement des pièces de Shakespeare ! Ce n'est pas vraiment un secret, mais peu de personnes le savent !

Ton musée préféré ?
La Tate Modern se trouve juste à côté du Globe, donc j'en profite régulièrement pour y faire un saut. Le Turbine Hall, qui accueille de temps à autre des installations artistiques, est un endroit étonnant qui mérite d'être vu, même lorsqu'il est vide. L'espace est immense, froid, et l'on y trouve toujours une certaine forme d'anonymat. C'est l'un de mes refuges préférés.

Une adresse où sortir pour écouter de la musique ?
Le Vortex Jazz Club, une véritable institution à Londres ! J'aime aussi le Lexington et le Bush Hall, deux salles de concert que je visite régulièrement.

Un lieu insolite à visiter ?
Je n'ai jamais eu l'occasion de visiter le Sir John Soane's Museum, ni Dennis Severs' House, mais ce sont deux endroits que l'on m'a fortement recommandés et qui sont sur ma liste « des lieux à visiter prochainement » !

Les adresses coup de cœur de Tom

- **Shakespeare's Globe Theatre**
  21 New Globe Walk, SE1 9DT
  Métros : Blackfriars/London Bridge
  www.shakespearesglobe.com
- **Barbican Centre**
  Silk Street, EC2Y 8DS
  Métro : Barbican
  www.barbican.org.uk
- **Battersea Arts Centre**
  66 Knightsbridge, SW1X 7LA
  Métro : Knightsbridge
  www.dinnerbyheston.com
- **Wilton's Music Hall**
  1 Graces Alley, London E1 8JB
  Métro : Aldgate East
  http://wiltons.org.uk
- **Royal Opera House**
  Bow Street, WC2E 9DD
  Métro : Covent Garden
  www.roh.org.uk
- **The Vortex Jazz Club**
  11 Gillett Square
  London N16 8AZ
  Train : Dalston Kingsland
  www.vortexjazz.co.uk

TRÉSORS D'ARCHITECTURE

En vous baladant dans les rues de Londres, vous remarquerez une architecture étonnamment riche et variée. Témoin de l'histoire de la ville, celle-ci offre un véritable voyage à travers les styles et les époques. Des palais somptueux appartenant à la famille royale aux immeubles ultramodernes de la City, je vous dévoile certains des plus beaux joyaux de la capitale !

Splendeurs, luxe et palaces

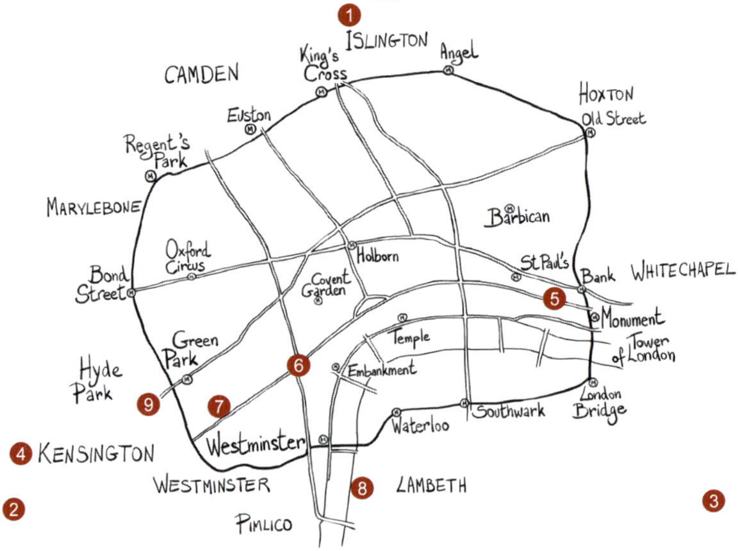

Alexandra Palace

Perché sur une colline près de Muswell Hill, Alexandra Palace domine la ville. Sa taille, monumentale, ainsi que son architecture plutôt extravagante vous impressionneront sûrement. Aussi surprenant que cela puisse paraître, « *Ally Pally* » fut édifié pour le peuple, et plus précisément pour servir de ***lieu de divertissement*** aux Londoniens ! Vous pourrez admirer son grand hall qui accueille souvent des concerts et des soirées DJ. Ses jardins, qui s'étendent sur plus de soixante-quinze hectares, offrent des vues splendides sur Londres et se prêtent formidablement à la détente. Vous y trouverez un lac où vous pourrez faire de la barque, un café, une roseraie, et même un enclos avec des cerfs !

1 **Alexandra Palace.** Alexandra Palace Way, N22 7AY. Métro : Wood Green. www.alexandrapalace.com

Ham House, manoir de luxe

En longeant la Tamise aux abords de Richmond, vous apercevrez à travers les feuillages une imposante demeure en brique rouge. Construite au début du XVIIe siècle, Ham House reflète le goût raffiné de ses propriétaires de l'époque : le duc et la duchesse de Lauderdale. Ne manquez pas d'admirer les salles de réception, très luxueuses, ainsi que la petite bibliothèque et la salle de bains privée de madame, dont l'entrée était dissimulée dans le mur de sa chambre ! Vous découvrirez que ce n'était pas le seul passage secret de la maison, puisque les serviteurs utilisaient eux aussi un ***labyrinthe de couloirs et de portes*** cachés qui leur permettait de se déplacer discrètement dans la demeure ! Les jardins, recréés selon les plans de l'époque, sont tout aussi élégants que les intérieurs et méritent également d'être explorés.

2 **Ham House and Garden.** Ham Street, Richmond upon Thames, TW10 7RS. Métro : Richmond. www.nationaltrust.org.uk/ham-house

Eltham Palace, folie Art déco

S'il ne reste plus grand-chose d'Eltham Palace, mis à part l'ancienne chapelle, la superbe demeure Art déco qui l'a remplacé est toute aussi impressionnante et saura sans aucun doute ravir les amateurs d'architecture. Bâtie dans les années 1930 sur les vestiges du palais médiéval où Henri VIII passa son enfance, elle appartenait à Stephen Courtaud, un riche héritier de l'industrie textile. Le hall principal, avec son ***somptueux dôme***, son mobilier design, et son tapis rétro, est à la fois chic et glamour : un vrai décor de cinéma ! Ne manquez pas la salle à manger, qui accueillait la haute société de l'époque, ainsi que la salle de bains, dont la robinetterie, j'en suis certaine, ne manquera pas de vous séduire. La visite continue au premier étage pour découvrir les appartements privés, eux aussi plutôt modernes, de Mah-Jongg : le lémurien de la famille !

3 **Eltham Palace.** Court Yard (off Court Road), SE9 5QE. Train : Eltham. www.elthampalace.org.uk

Hampton Court Palace, visite royale

Pour savoir à quoi ressemble la vie de château, rendez-vous à Hampton Court Palace ! Installé sur les bords du fleuve, cet ancien palais royal, qui servit de demeure à certains des plus grands rois d'Angleterre, abrite au total ***plus de mille pièces***, réparties dans plusieurs bâtiments reliés par d'agréables cours. Lors de votre visite, vous aurez entre autres la chance d'apercevoir les appartements de Henri VIII, de l'époque Tudor, ainsi que la chapelle royale et les immenses cuisines qu'il fit construire dès son arrivée au palais. Vous pourrez également flâner dans les quartiers du roi Guillaume III et de son épouse, la reine Marie II. Si le temps s'y prête, allez prendre l'air dans les jardins, magnifiquement entretenus : vous tomberez peut-être sur un labyrinthe végétal ; il existe depuis le XVIIIe siècle ! Attention, si vous n'avez pas le sens de l'orientation, vous pourriez bien vous y perdre !

2 **Hampton Court Palace.** East Molesey, KT8 9AU. Train : Hampton Court. www.hrp.org.uk/HamptonCourtPalace

Une entrée royale

Chiswick House, villa de style

Si comme moi vous aimez les villas qui ont du style, vous apprécierez Chiswick House ! Bâtie en 1727 par le 3e comte de Burlington, elle présente une façade classique à la fois sobre et élégante, fortement inspirée par les œuvres d'Andrea Palladio. Originale par sa composition et ses formes géométriques, elle dissimule un intérieur luxueux et coloré – les plafonds ne sont-ils pas somptueux ? – que l'on doit en grande partie à William Kent. Ce dernier fut aussi nommé pour dessiner les jardins qui entourent la demeure. Rompant avec l'esthétique formelle de l'époque, il créa un parc riche en contrastes qui révèle au détour de ses allées sinueuses des statues, des obélisques, des petits temples et même un lac et une cascade ! Considéré comme le premier exemple de ***jardins à l'anglaise***, c'est un lieu de promenade agréable, très fréquenté par les habitants du quartier, qui viennent s'y reposer ou promener leurs chiens.

4 **Chiswick House & Gardens.** Burlington Lane, W4 2RP. Train : Chiswick. www.chgt.org.uk

Mansion House, l'autre hôtel de ville

L'édifice de style palladien situé en face de la Banque d'Angleterre fut construit il y a plus de 250 ans afin d'abriter la ***résidence officielle du lord-maire***. Pour le visiter, présentez-vous sous le porche de Mansion House un mardi à 14 h : chaque semaine, à cette heure précise, la demeure ouvre discrètement ses portes aux curieux, le temps d'une heure ou deux ! Accompagné d'un guide, vous en apprendrez un peu plus sur les fonctions de cet « autre » maire, dont la juridiction se limite à la cité de Londres. Vous apprendrez également que le bâtiment a la particularité de posséder sa propre Cour de justice, et qu'il abritait, jusque dans les années 1990, onze cellules de détention, dont l'une d'entre elles, réservée aux femmes, était joliment surnommée « *the birdcage* » (la cage à oiseau) ! Vous aurez également la chance d'admirer une très belle collection de peintures flamandes et hollandaises, ainsi que des pièces d'orfèvrerie rares, dont certaines ont appartenu à la famille royale. Rien que ça !

5 **Mansion House.** Walbrook, EC4N 8BH. Métro : Bank. www.cityoflondon.gov.uk/about-the-city/who-we-are/lord-mayor-and-chairmen/mansion-house

Banqueting House

Si vous décidez d'aller jeter un œil à la célébrissime résidence du Premier ministre, installée au 10 Downing Street, profitez-en pour faire un saut par Banqueting House (la salle des banquets). Bâti par Inigo Jones au début du XVIIe siècle afin d'héberger les réceptions et les grands bals masqués organisés par la Couronne, c'est le seul bâtiment subsistant du ***palais de Whitehall***, qui fut autrefois le plus grand d'Europe ! Derrière sa façade d'inspiration très classique, vous admirerez un intérieur ravissant, composé d'une unique pièce dont le plafond est entièrement recouvert par des grandes toiles de Pierre Paul Rubens. Au cours de votre exploration, vous découvrirez également que l'édifice n'est pas dépourvu d'histoire, puisque non seulement il marqua le début d'une révolution architecturale en Grande-Bretagne, mais il fut aussi le lieu de l'exécution de Charles Ier.

6 **Banqueting House.** Whitehall, SW1A 2ER. Métro : Charing Cross. www.hrp.org.uk/BanquetingHouse

Clarence House

Clarence House, située à deux pas de Green Park et de Buckingham Palace, est l'un des plus beaux hôtels particuliers de Grande-Bretagne. Et pour cause, il abrite la ***demeure du prince Charles*** ! Construite par John Nash entre 1825 et 1827 pour servir d'annexe à St James's Palace, la villa servit également de résidence à la reine mère pendant près de 50 ans. Ouverte au public chaque été, n'hésitez pas à la visiter : après tout, ce n'est

La majestueuse salle des banquets

pas tous les jours que vous aurez l'occasion de visiter la demeure de l'héritier de la Couronne britannique ! Après avoir exploré les jardins, vous serez toléré au rez-de-chaussée. La visite, riche en anecdotes, vous permettra de véritablement entrer dans l'intimité de ses habitants, et si les histoires de la famille royale vous passionnent, vous serez ravis ! En repartant, vous pourrez voir le fameux portail noir où la reine mère se présentait traditionnellement au public chaque année lors de son anniversaire.

7 **Clarence House.** The Mall, SW1 1BA. Métro : Green Park.
www.royalcollection.org.uk/visit/clarencehouse

le manoir de Lambeth

Dressé sur la rive sud de la Tamise, face au Palace of Westminster, s'élève Lambeth Palace ! Depuis plus de 800 ans, il abrite la résidence du chef de l'Église d'Angleterre, l'archevêque de Cantorbéry. Son architecture, véritable ***patchwork de styles***, témoigne des agrandissements et travaux de reconstruction effectués au cours des siècles derniers. L'impressionnante porte en brique rouge qui sert d'entrée principale au palais est de la fin du XVᵉ siècle, tandis que sa chapelle et sa crypte datent du début du XIIIᵉ siècle. Bien que l'édifice soit généralement interdit d'accès, des visites guidées sont régulièrement organisées. Vous y découvrirez, entre autres, les secrets de Lollards' Tower qui servit de cachot aux prisonniers politiques et dissidents religieux, pourrez y contempler une belle collection de portraits des archevêques passés et chercher les œuvres de Holbein, Van Dyck, Hogarth et Reynolds !

8 **Lambeth Palace.** Lambeth Palace Road, SE1 7JU. Métro : Lambeth North.
www.archbishopofcanterbury.org/pages/about-lambeth-palace.html

la maison d'un héros national

Construite à la fin du XVIIIe siècle par Robert Adam, Apsley House est aussi connue sous le nom « *Number One, London* » : elle était en effet, à l'époque, la première maison que l'on voyait en arrivant à Londres par l'ouest. Arthur Wellesley, 1er duc de Wellington, y résida 35 ans environ et, bien que ses héritiers habitent toujours la demeure, celle-ci est en partie ouverte au public. Elle abrite un petit musée en hommage à celui que l'on appelait ***« the Iron Duke »*** (le duc de Fer) – non pas à cause de son autorité ni de sa force, mais à cause des volets métalliques qu'il avait fait installer à ses fenêtres ! Parmi la vaste collection de souvenirs en tout genre, vous trouverez de nombreux présents qu'il reçut en célébration de ses victoires militaires, par exemple, une statue monumentale de Napoléon nu, de l'artiste Antonio Canova, offerte par le gouvernement britannique, ainsi que de nombreuses toiles de maîtres (Vélasquez, Goya, Murillo…). Bon à savoir, l'entrée du musée est gratuite tous les 18 juin. Inutile de vous rappeler pourquoi, je suppose ?

9 **Apsley House, The Wellington Museum.** Hyde Park Corner, 149 Piccadilly, W1J 7NT. Métro : Hyde Park Corner. www.apsleyhouseguide.co.uk ; www.english-heritage.org.uk/daysout/properties/apsley-house

Le petit musée du duc de Fer

Monumental !

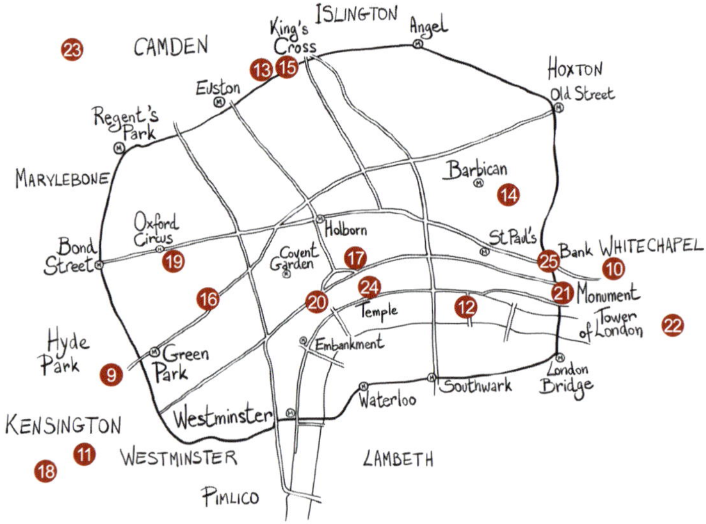

Lloyd's Building

Au milieu des immeubles modernes de la City, vous apercevrez un étrange bâtiment dont la ***structure de verre et d'acier*** étourdissante semble tout droit sortie de *Blade Runner*. Construit par Richard Rogers – à qui l'on doit également le centre Georges-Pompidou –, le bâtiment abrite le siège de l'une des compagnies d'assurances les plus anciennes au monde, Lloyd's of London. Comme pour son autre chef-d'œuvre parisien, l'architecte a privilégié l'espace intérieur en plaçant en façade tous les éléments fonctionnels : tuyaux, escaliers, ascenseurs, et même les toilettes et la cuisine !

10 **Lloyd's of London.** 1 Lime Street, EC3M 7HA. Métros : Bank / Liverpool Street

la pension militaire de Chelsea

Dans la catégorie des lieux insolites à visiter, je vous propose de me suivre au Royal Hospital de Chelsea ! Fondée par Charles II, cette institution accueille depuis 1692 les anciens combattants du royaume. Si comme moi vous avez de la chance, un pensionnaire se proposera de vous faire visiter les lieux, largement inspirés de l'***hôtel des Invalides***. Vous découvrirez le grand hall, qui sert de réfectoire aux résidents, mais aussi la chapelle et les appartements d'État, redécorés par Robert Adam à la fin du XVIIIe siècle.

11 **Royal Hospital Chelsea.** Royal Hospital Road, SW3 4SR. Métro : Sloane Square. www.chelsea-pensioners.co.uk

Millennium Bridge

Le Millennium Bridge, avec sa structure en aluminium et son design épuré, est sans aucun doute ***la passerelle la plus futuriste*** de Londres ! Conçue pour célébrer le passage au nouveau millénaire, elle dut fermer quelques jours après son inauguration suite à des vibrations anormales qui causaient le mal de mer aux passants, et ne rouvrit qu'en février 2002. Toujours surnommé le *Wobbly Bridge* (le pont tremblant) par les Anglais, elle est devenue l'un des ouvrages emblématiques de la capitale !

12 **Millennium Bridge.** Métro : Blackfriars

British Library

En 1998, la British Library a emménagé dans un gigantesque bâtiment sur Euston Road. Riche de plus de ***douze millions de livres*** et cent cinquante millions de documents, dont des manuscrits anciens et des éditions originales de certains des plus célèbres auteurs britanniques, la Bibliothèque nationale d'Angleterre n'a rien à envier aux musées de la capitale ! Parmi ses trésors, vous trouverez notamment la collection de livres du roi George III, protégée dans une impressionnante tour de verre de dix-sept mètres de haut, des carnets de note de Léonard de Vinci, un recueil complet des pièces de Shakespeare de 1623, des paroles de chansons des Beatles et des partitions annotées de Haendel. C'est certain, vous allez y passer des heures…

13 **British Library.** 96 Euston Road, NW1 2DB. Métro : King's Cross St Pancras. www.bl.uk

la cité de Barbican

Le complexe résidentiel du Barbican, qui s'étend sur ***seize hectares*** et héberge près de quatre mille personnes – soit la moitié des habitants de la City ! –, compte parmi les projets d'urbanisme d'après-guerre les plus importants de la capitale. Son architecture déroutante fut souvent controversée et, il faut avouer qu'avec ses immenses tours de béton, cette cité peu ordinaire a de quoi déplaire. Pourtant son calme, ses jardins et son lac artificiel lui confèrent l'atmosphère d'un village urbain, comprenant notamment le Museum of London et le Barbican Centre, le plus grand centre culturel de Grande-Bretagne ! Celui-ci organise d'ailleurs des visites du site vous permettant de mieux comprendre l'histoire et l'architecture du quartier. Pour le trouver, suivez la ligne jaune au sol depuis la station de métro !

14 **Barbican Estate.** Silk Street, EC2Y 8DS. Métro : Barbican. www.barbican.org.uk

St Pancras Station

Mon bâtiment préféré à Londres ? La gare de St Pancras, sans hésitation ! Signé des architectes William Henry Barlow et George Gilbert Scott, l'immense bâtiment de brique rouge est un véritable chef-d'œuvre néogothique ! Sa ***halle métallique*** a retrouvé sa splendeur passée et accueille depuis 2007 le nouveau terminal Eurostar ainsi que des boutiques, des restaurants et le plus long bar à champagne d'Europe. Les St Pancras Chambers, elles aussi merveilleusement restaurées, hébergent le Renaissance Hotel, un cinq étoiles que j'ai eu la chance de visiter. La prochaine fois que votre train a du retard, profitez-en pour aller jeter un œil au *lobby*, vraiment somptueux, et au bar-restaurant aménagé dans l'ancienne billetterie. Les cocktails, affublés de noms étranges qui vous ramèneront à l'ère victorienne, y sont excellents.

15 **St Pancras International.** Pancras Road, NW1 2QP. Métro : King's Cross St Pancras

15 **Booking Office Bar.** Renaissance Hotel, Euston Road, NW1 2AR. Métro : King's Cross St Pancras. www.bookingofficerestaurant.com

Burlington Arcade

Dans le quartier de Mayfair, à quelques pas du Ritz, se trouve un long passage couvert qui accueille une quarantaine d'***enseignes de luxe*** en tout genre : joailliers, antiquaires, boutiques de mode et parfumeries. Créée en 1819 sous l'ordre de lord George Cavendish, Burlington Arcade est l'une des plus anciennes galeries commerçantes au monde !
C'est aussi l'une des plus jolies, comme le soulignent ses arches élégantes, ses verrières et ses vitrines victoriennes. Autre particularité : elle est surveillée par de drôles de gardes habillés de redingotes et coiffés de chapeaux hauts de forme. Chargés de faire respecter les règles de l'époque, les *beadles* n'hésiteront pas à vous mettre dehors en cas de comportement inapproprié. Alors évitez de siffler, chanter, courir ou ouvrir votre parapluie dans la galerie !

16 **Burlington Arcade.** Entrée par Piccadilly ou Burlington Gardens, W1. Métro : Green Park. www.burlington-arcade.co.uk

Royal Courts of Justice

N'attendez pas que l'on vous assigne en justice pour pénétrer à l'intérieur des Royal Courts of Justice, ou vous pourriez bien passer à côté de l'un des bâtiments les plus intéressants de la capitale ! Derrière son imposante façade néogothique victorienne se cache en effet un ***majestueux hall*** dont les peintures, sculptures, vitraux et mosaïques ne vous laisseront pas de marbre. Le bâtiment possède plus de mille pièces et forme un véritable dédale de couloirs. Partez à la recherche du couloir secret, plus connu sous le nom de « *chicken run* », ou visitez la galerie qui présente les robes, perruques et accessoires des membres du tribunal. Au fait, savez-vous que la plupart des audiences sont ouvertes au public ? Entrez discrètement et installez-vous au fond de la salle, vous pourrez juger de l'atmosphère par vous-même.

(17) **Royal Courts of Justice.** Strand, WC2A 2LL. Métro : Temple.
www.royalcourtsofjustice-events.co.uk

Les majestueuses Royal Courts of Justice

Michelin House

Situé dans le quartier chic de Chelsea, Michelin House est l'un des plus beaux exemples d'architecture Art nouveau de la capitale. Construit de 1909 à 1911 pour abriter le siège britannique de la célèbre firme de pneumatiques clermontoise, le bâtiment fut racheté en 1985 par Terence Conran et reconverti en café-bar à huîtres-restaurant ! Même si vous n'avez pas faim, arrêtez-vous pour jeter un œil à la décoration qui évoque superbement l'histoire de la maison. En regardant autour de vous, vous verrez que l'homme au bel embonpoint, emblème de la marque, est représenté un peu partout (même sur la vaisselle !). Sur l'un des ***magnifiques vitraux bleus***, on le voit à vélo, une main dans la poche et un cigare dans l'autre !

18 **Michelin House – Bibendum Restaurant.** 81 Fulham Road, SW3 6RD. Métro : South Kensington. www.bibendum.co.uk

Wellington Arch

Vous êtes peut-être déjà passé devant Wellington Arch ? Vous savez, ce monument à l'angle de Hyde Park Corner, qui ressemble étrangement à notre ***Arc de triomphe***, si ce n'est qu'il se distingue par l'énorme statue de bronze dont il est surmonté. Eh bien sachez que celui-ci se visite ! À l'intérieur, vous découvrirez tout de l'histoire de cet ouvrage qui servit de porte d'entrée à Buckingham Palace, et vous trouverez également la Quadriga Gallery, qui organise régulièrement des expositions temporaires autour de thèmes très variés. Du sommet de l'édifice, vous pourrez jeter un œil dans les jardins de la reine, et peut-être même apercevoir la garde royale en route pour la relève !

9 **Wellington Arch.** Hyde Park Corner, W1J 7JZ. Métro : Hyde Park Corner. www.english-heritage.org.uk/daysout/properties/wellington-arch

Liberty of London

On ne présente plus Liberty of London, l'institution britannique qui crée les tendances de la mode comme du design depuis 1875 ! Son *flagship*, dont vous ne pourrez manquer l'imposante façade de style Tudor, révèle un intérieur sublime que je vous encourage vivement à découvrir. Pour vous donner un avant-goût, les ***boiseries délicatement sculptées*** de ses balcons sont éclairées par une jolie verrière et, en vous promenant d'un étage à l'autre, vous remarquerez que les pièces sont toutes ornées de peintures, de fastueux tapis, de meubles élégants et parfois même de cheminées ! L'atmosphère de Liberty est chaleureuse et raffinée, fidèle à la volonté de son fondateur, Arthur Lasenby Liberty, qui voulait que ses clients « se sentent ici comme chez eux ». L'espace mercerie, où vous trouverez les célèbres imprimés de la marque, ainsi que la galerie des foulards et le rayon papeterie méritent le coup d'œil.

19 **Liberty.** Great Marlborough Street, W1B 5AH. Métro : Oxford Circus. www.liberty.co.uk

Shell Mex House

Si je vous demande quelle est la plus grosse horloge de la capitale, vous me répondrez probablement Big Ben. Eh bien non, St Stephen's Tower, de son vrai nom, est sans aucun doute la plus célèbre, mais l'horloge de Shell Mex House mesure plus de sept mètres cinquante de diamètre – contre seulement sept pour Big Ben ! L'imposant bâtiment, que vous reconnaîtrez de loin grâce à son style Art déco et son ***immense cadran*** dont les chiffres semblent avoir été oubliés, s'admire le mieux depuis South Bank. Édifié dans les années 1930 à l'emplacement du Cecil Hotel, il servait historiquement de siège à la multinationale pétrolière du même nom. Si quelqu'un vous demande l'heure, vous n'aurez qu'à pointer dans sa direction !

20 **Shell Mex House.** 80 Strand, WC2R 0RL. Métro : Charing Cross

Leadenhall Market

Les fans de Harry Potter ne manqueront pas de faire un tour par Leadenhall Market, qui servit de décor pour le tournage des aventures du jeune sorcier. Ce petit passage couvert, à la magnifique ***structure victorienne en fer forgé*** et en verre, abritait au XIVe siècle l'un des marchés de viande les plus animés de la ville. Certains crochets servant autrefois à pendre le gibier et la volaille sont d'ailleurs toujours visibles sur les devantures des restaurants et des boutiques qui ont remplacé les échoppes d'antan. Ses quelques ruelles pavées, joliment colorées de rouge, vert et crème, ont conservé tout leur charme d'époque, et un peu d'imagination vous suffira pour remonter le temps…

21 **Leadenhall Market.** Gracechurch Street, EC3V 1LR. Métro : Monument. www.leadenhall-market.co.uk

Un marché pas comme les autres !

Container City

Du côté de Trinity Buoy Wharf, vous pourrez contempler l'architecture insolite de Container City : ces anciens containers de marchandises, empilés les uns sur les autres comme des ***briques de Lego***, accueillent des studios d'artistes et des logements ! Une idée originale, vous ne trouvez pas ?

22 **Container City.** Trinity Buoy Wharf, 64 Orchard Place, E14 0JW. DLR : East India. www.containercity.com

2 Willow Road

Vous aimez les maisons d'architecte ? Alors invitez-vous chez ***Ernö Goldfinger***. Située au 2 Willow Road, sur la colline de Hampstead, sa demeure est l'un des rares exemples d'architecture moderniste existant en Angleterre. Observez sa structure massive, ses ***lignes géométriques***, son toit-terrasse et sa façade droite : très avant-gardiste pour l'époque, le projet ne fit pas l'unanimité dans le voisinage. On raconte d'ailleurs que c'est de là que Ian Fleming, auteur de *James Bond*, tira le nom d'un de ses célèbres méchants : le riche industriel sans scrupule, Goldfinger. L'intérieur de la maison, ingénieusement conçu, réserve également bien des surprises. Je me verrais bien y vivre, pas vous ?

23 **2 Willow Road.** 2 Willow Road, NW3 1TH. Métro : Hampstead. www.nationaltrust.org.uk/2-willow-road

Somerset House

En passant sous le porche de la Courtauld Gallery, le bruit du Strand disparaît comme par magie et vous vous retrouvez dans une immense cour pavée entourée de magnifiques bâtiments de style néoclassique : bienvenue à la Somerset House ! Bâti à la fin du XVIIIe siècle par l'architecte sir William Chambers, l'édifice héberge diverses institutions dédiées

Les « briques » de couleurs vives de Container City

aux arts et à la culture. Les expositions sont généralement payantes, mais vous pouvez traverser le hall d'entrée du bâtiment principal pour profiter de l'***agréable terrasse*** qui donne sur la Tamise, ou vous installer dans sa cour pour admirer le ballet des jets d'eau. Tous les hivers, celle-ci se transforme en patinoire géante ! Un cadre si grandiose, ça donnerait presque envie d'enchaîner un triple salto avec une quadruple boucle piquée !

24 **Somerset House.** Strand, WC2R 1LA. Métro : Temple. www.somersethouse.org.uk

The Royal Exchange

Vous serez peut-être déçu d'apprendre que le bâtiment situé en face de la Banque d'Angleterre, dont le portique néoclassique et les colonnes corinthiennes rappellent les temples grecs, n'est autre qu'un ***centre commercial*** ! Mais ne vous arrêtez pas à cela, son histoire est étonnante et il mérite quand même une visite. Fondé en 1565 par un riche marchand du nom de Thomas Gresham pour permettre aux commerçants de se rencontrer et de faire affaire, le Royal Exchange devint l'une des places marchandes les plus importantes, puis la première Bourse de Londres. Une pause gourmande au Grand Café, installé au centre de sa cour intérieure, vous permettra de l'apprécier à sa juste valeur.

25 **The Royal Exchange.** Entre Cornhill et Threadneedle Street, EC3V 3LR. Métro : Bank. http://theroyalexchange.com

Personnages de taille

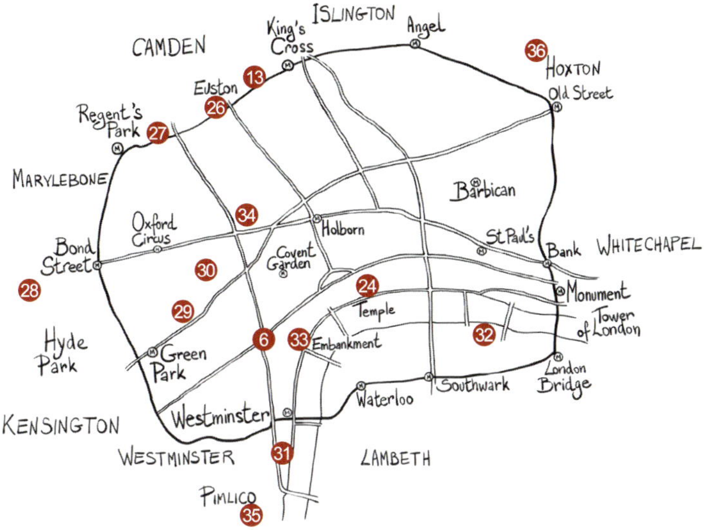

humanoïdes

Le sculpteur Antony Gormley est l'une des figures les plus appréciées de la scène contemporaine. Ce que j'apprécie, c'est le don qu'il a de s'approprier l'espace public, et la manière dont ses œuvres se retrouvent toujours dans des ***endroits inattendus*** ! Pour vous le prouver, je vous propose un petit jeu : trois de ses sculptures sont sur Euston Road, cherchez-les ! Quelques indices ? L'une, qui se trouve dans un musée, est loin d'avoir les pieds sur terre. L'autre, cachée dans la cour d'un énorme bâtiment de brique rouge, fait allusion au système solaire. La dernière, située aussi bien à l'intérieur qu'à l'extérieur, se regarde elle-même.

26 **Wellcome Collection.** 183 Euston Road, NW1 2BE. Métros : Euston/Euston Square

13 **British Library.** 96 Euston Road, NW1 2DB. Métro : King's Cross St Pancras

27 **Regent's Place.** 350 Euston Road, NW1 3HF. Métro : Great Portland Street

Fourth Plinth

Trafalgar Square comporte quatre piédestaux, un à chaque coin de la place. Pourtant, à cause de problèmes financiers, la statue qui devait orner la quatrième plinthe ne fut jamais installée. Celle-ci resta nue pendant plus de 150 ans, mais c'était sans compter sur la Royal Society for the Encouragement of Arts, qui proposa de l'utiliser comme ***espace d'exposition*** ! Depuis 1999, des créations contemporaines y sont exposées. Parmi les œuvres qui y ont défilé : un « hôtel pour oiseaux » ultradesign de Thomas Schütte (*Model for a Hotel*), le navire de Nelson en bouteille de Yinka Shonibare (*Nelson's Ship in a Bottle*) ou encore le cheval à bascule d'Elmgreen & Dragset (*Powerless Structures, Fig 101*). Plus fou encore, Antony Gormley invita les Britanniques à monter sur le socle et à s'exprimer publiquement (*One and Other*). Pendant cent jours, ils furent deux mille quatre cents à se relayer, 24h/24, offrant à leur audience des performances toutes plus originales les unes que les autres !

6 **Fourth Plinth Project.** Trafalgar Square, WC2N 5DN. Métro : Charing Cross. www.london.gov.uk/fourthplinth

Peter Pan

Si vous souhaitez faire une surprise à vos enfants, faites un crochet par les Kensington Gardens ! C'est là, à l'abri d'un bosquet, que se trouve la statue de bronze de Peter Pan sculptée par George Frampton. Installée dans ces jardins où l'auteur, qui vivait juste en face, aimait à se promener, elle serait apparue pendant la nuit du 1er mai 1912, ***comme par magie***, pour la plus grande joie des enfants ! Elle représente le jeune héros jouant de la flûte. En vous approchant, vous remarquerez les motifs de fées et de petits animaux qui évoquent merveilleusement le Pays imaginaire !

28 **Peter Pan.** Kensington Gardens, W2 3XA. Métro : Lancaster Gate

un banc public particulier

Au croisement d'Old Bond Street et New Bond Street, vous apercevrez les statues de ***Winston Churchill et Franklin Roosevelt***. Assis sur un banc, les deux hommes, sculptés à taille réelle, sont comme figés en pleine conversation... Vous pourrez même vous glisser entre eux pour prendre une photo souvenir de votre rencontre ! Cette œuvre a été offerte à la municipalité de Westminster par l'association des commerçants de New Bond Street en célébration du cinquantième anniversaire de la conférence de Yalta. *The Allies* (Les alliés) fut créée par Lawrence Holofcener, un sculpteur à la double nationalité.

29 **The Allies.** Au croisement de New Bond Street et Old Bond Street, W1S 3ST. Métros : Green Park/Piccadilly Circus

La célèbre conversation figée

les gardiens de la City

Avis aux chasseurs de dragons : si vous flânez dans le cœur historique de la ville, sachez qu'il existe une dizaine de ***bêtes cracheuses de feu*** qui marquent de manière symbolique les frontières de la City.

La plus spectaculaire d'entre elles se trouve sur Fleet Street, au niveau des Royal Courts of Justice. Posée sur un socle rectangulaire, l'impressionnante ***créature ailée*** est farouchement dressée sur ses pattes arrière. Baptisée *The Griffin* (le griffon) par les Londoniens, elle marque l'emplacement de Temple Bar, qui reliait historiquement Westminster à la cité de Londres. Autrefois, si le roi voulait s'y rendre, il devait y marquer l'arrêt pour obtenir les clefs de la City.

24 **Temple Bar Memorial.** Fleet Street, WC2R 1DA. Métro : Temple

le père fondateur de l'épidémiologie

Lors de la grave épidémie de choléra qui frappa la ville en 1854, un médecin du nom de ***John Snow*** se mit à étudier de près les symptômes des victimes. Alors que tout le monde pensait que la maladie se transmettait par l'air, il fut l'un des premiers à émettre l'hypothèse d'une contamination par voie orale. Afin de prouver sa théorie, il réalisa une cartographie des personnes touchées qui lui permit d'identifier que tous les cas recensés étaient concentrés autour de la pompe de Broad Street alimentant le quartier en eau potable. Il la fit désamorcer, et l'épidémie stoppa peu après. En mémoire de sa découverte, une réplique de la pompe a été installée à quelques pas de son emplacement d'origine.

30 **Broad Street Pump.** À l'angle de Broadwick Street et de Poland Street, W1F. Métro : Oxford Circus

Emmeline Pankhurst

Outre les allégories et les modèles dénudés, les femmes sont peu représentées dans la statutaire de la capitale. Emmeline Pankhurst – qui l'aurait sans doute remarqué ? – compte parmi les rares femmes glorifiées d'une statue. Le monument, installé près de Westminster, rend hommage à la vie de la ***militante féministe*** : fondatrice du Women's Social and Political Union et chef de file des suffragettes, elle mena un combat sans relâche pour permettre aux femmes d'obtenir le droit de vote. Arrêtée maintes fois et emprisonnée à plusieurs reprises pour ses actes de désobéissance civile, elle finira par obtenir gain de cause en 1918.

31 **Emmeline Pankhurst.** Victoria Tower Gardens, SW1A 2NE. Métro : Westminster

hommage à Oscar Wilde

Pouvez-vous imaginer que, jusqu'en 1998, il n'existait pas de monument à la mémoire d'Oscar Wilde dans la capitale ? Ses admirateurs, qui bataillaient depuis les années 1980 pour qu'une statue soit érigée à son effigie, finirent quand même par obtenir satisfaction. Installée sur Adelaide Street, à proximité des nombreux théâtres du West End, l'œuvre de Maggi Hambling, *A Conversation with Oscar Wilde*, est quelque peu macabre, mais plutôt amusante. Elle invite les passants à ***s'asseoir face au dramaturge***, sur un cercueil de granite qui porte en inscription l'une de ses citations les plus célèbres : « Nous sommes tous dans le caniveau, mais certains d'entre nous regardent les étoiles. »

6 **A Conversation with Oscar Wilde.** Adelaide Street, WC2N 4HZ. Métro : Charing Cross

les félins de bronze

Situés à la base de la Nelson's Column, les quatre lions de bronze d'Edwin Landseer sont bien connus des touristes, qui n'hésitent pas à les escalader pour une pose souvenir. Commissionné pour sculpter les bêtes de bronze, l'artiste, plus à l'aise au pinceau qu'au ciseau, avait d'abord refusé le projet. La reine Victoria insista, et il finit par accepter, à condition qu'on lui présente la ***dépouille d'un lion*** pour qu'il puisse étudier l'animal de plus près. Chose promise, chose due : lorsqu'un félin du zoo de Londres mourut, sa dépouille fut envoyée au domicile de l'artiste qui s'en servit comme modèle jusqu'à ce que ses voisins se plaignent de l'odeur. Pour terminer son œuvre, et principalement les pattes, il se serait inspiré d'un chat !

6 **Nelson's Column.** Trafalgar Square, WC2N 5DN. Métro : Charing Cross

Les félins de la Nelson's Column

Monument to the Unknown Artist

À première vue, vous pourriez bien prendre *Monument to the Unknown Artist*, situé à quelques pas de la Tate Modern, pour une simple statue de bronze. Au second coup d'œil, lorsque vous verrez l'homme au pinceau bouger, vous le confondrez sans doute avec l'un de ces artistes de rue capables de rester immobiles pendant des heures. Eh bien, au risque de vous décevoir, ce n'est ni l'un ni l'autre ! Créée par le ***collectif d'artistes Greyworld***, cette sculpture ultramoderne est équipée de capteurs lui permettant de détecter la présence d'individus et de réagir à leurs mouvements ! Incroyable, mais vrai !

32 **Monument to the Unknown Artist.** 25 Sumner Street, SE1 9TG. Métros : London Bridge / Southwark

les sept nez de Soho

Rick Buckley, un artiste londonien inspiré par l'art interventionniste, réalisa des moulages en plâtre de son nez et en colla plus d'une trentaine sur les bâtiments de la ville. Pourquoi ? Pour protester contre la prolifération des caméras de surveillance qui fourrent leur nez quotidiennement dans la vie des habitants. Depuis leur apparition en 1996, les nez sont l'objet de ***nombreuses légendes urbaines***. L'une d'elles raconte que celui dissimulé sous Admiralty Arch aurait été modelé sur le nez de Napoléon et fixé à une hauteur qui permettrait aux cavaliers de la garde royale de le pincer sur leur passage. Une autre, ma préférée et sans doute aussi la plus connue, concerne les sept nez de Soho : elle raconte que si vous êtes capable de les dénicher, vous êtes assuré de la richesse éternelle ! Je ne sais pas si c'est vrai, mais cela vaut le coup d'essayer, non ? J'en ai déjà trouvé cinq, et vous ?

Certains se confondent presque dans le paysage ! Cherchez donc du côté de Bateman Street, Dean Street, D'Arblay Street, Meard Street et Endell Street

art égyptien

Mais que vient faire cet obélisque en granite rose, sculpté de hiéroglyphes égyptiens et gardé par deux sphinx de bronze, en plein centre de Londres ? Élevé au XVe siècle av. J.-C. à l'entrée du ***temple de Ra à Héliopolis***, ce monolithe de vingt et un mètres de haut fut offert aux Anglais en célébration de leur victoire à la bataille d'Aboukir. Il restera enseveli pendant près de 60 ans, puis sera finalement transféré jusqu'en Angleterre par bateau : un voyage épique qui coûtera la somme astronomique de £10 000 et la vie à six marins. Au fait, savez-vous que les *Cleopatra's Needle* (aiguilles de Cléopâtre) étaient initialement au nombre de deux ? Vous trouverez l'autre dans Central Park, à New York !

33 **Cleopatra's Needle.** Victoria Embankment, WC2N 6. Métro : Embankment

une statue de l'île de Pâques

Dans la salle 24 du British Museum se trouve l'une des plus mystérieuses et envoûtantes statues au monde : *Hoa Hakananai'a.* D'une hauteur de deux mètres quarante pour un poids proche de quatre tonnes, le monolithe provient de l'île de Pâques, et plus précisément du village sacré d'Orongo. Il présente toutes les caractéristiques des ***fameux Moaï*** : sa tête est démesurément large, ses yeux sont enfoncés sous une arcade sourcilière proéminente, ses narines grandes ouvertes et ses oreilles étrangement longues. Dans le dos, vous observerez également les symboles sculptés qui évoquent l'étrange culte de l'homme-oiseau. C'est l'un des rares vestiges de la civilisation pascuane que vous pourrez voir en Europe !

34 **British Museum.** Great Russell Street, WC1B 3DG. Métro : Holborn. www.britishmuseum.org

William Huskisson

C'est en traversant Pimlico Garden, un petit jardin situé en bord de Tamise, que j'ai découvert la statue d'un inconnu répondant au nom de William Huskisson. Malgré son habit qui évoque ses fonctions politiques, l'ancien ministre et député parlementaire de Liverpool est moins « célèbre » pour sa carrière que pour ***sa mort sensationnelle*** ! Décédé le 15 septembre 1830, il fut la première victime d'un accident ferroviaire. Invité à l'inauguration de la ligne Liverpool-Manchester, il était descendu du Northumbrian pour serrer la main au Premier ministre, avec qui il était brouillé, lorsqu'une autre locomotive du même convoi fonçant à la vitesse de 40 km/h le renversa.

35 **William Huskisson.** Pimlico Garden & Shrubbery, St George's Square, SW1. Métro : Pimlico

Hitchcock's Head

De la fenêtre de mon salon, j'aperçois l'ancien site des Gainsborough Studios où Alfred Hitchcock tourna ses premières productions, dont le film culte *Une femme disparaît* (*The Lady Vanishes*, 1938). Dans la cour intérieure du bâtiment, une immense sculpture en acier rouillé de l'artiste Antony Donaldson représente le réalisateur. ***Impressionnante par sa taille*** – six mètres cinquante de haut ! – et son caractère énigmatique, elle constitue un hommage original au maître du suspens. Symbolisant les débuts de sa carrière, elle est volontairement tournée vers Hollywood.

36 **Gainsborough Studios.** 1 Poole Street, N1 5ED. Métro : Hoxton

Nouvelles perspectives

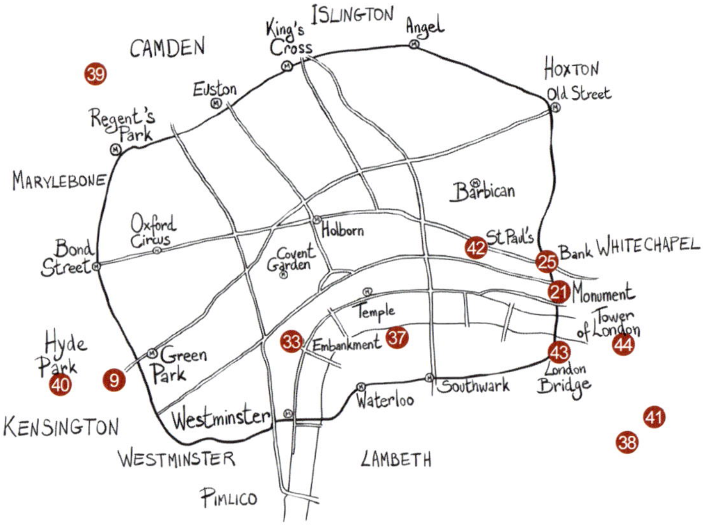

Tower 42

Un rendez-vous amoureux ou une occasion spéciale à célébrer ? J'ai l'endroit qu'il vous faut ! Situé au cœur de la City, Vertigo 42 est le meilleur ***bar à champagne*** de la ville ! Après un voyage en ascenseur qui vous transportera en seulement quelques secondes jusqu'au quarante deuxième étage et à cent quatre-vingt-deux mètres de hauteur, vous ne pourrez être que subjugué par la vue qui s'offre à vous ! L'atmosphère est à la fois chic et intime et, de nuit, lorsque les lumières de la ville scintillent au loin, le spectacle est simplement magique !

25 **Tower 42.** 25 Old Broad Street, EC2N 1. Réservations obligatoires et tenue correcte exigée. Métro : Liverpool Street. www.vertigo42.co.uk

Oxo Tower

Oxo Tower, que l'on distingue parfaitement de nuit, même de loin, grâce à ses trois lettres illuminées, est surtout connue des Londoniens pour son prestigieux bar-restaurant, qui dispose d'une terrasse extérieure offrant une superbe vue sur la ville. Mais que signifient donc ces trois lettres mystérieuses qui semblent flotter dans le ciel londonien ? Leur origine remonte à l'époque où le bâtiment appartenait à la marque Oxo, une filiale du groupe alimentaire Liebig, qui avait décidé d'ériger une immense tour ***à des fins publicitaires***. L'architecte chargé du projet, un certain Albert Moore, proposa l'installation d'une enseigne lumineuse sur la façade. Voyant sa proposition refusée, il contourna l'interdiction en intégrant des formes géométriques (des ronds et des croix, rien de plus !) au design des fenêtres de l'édifice.

37 **Oxo Tower.** Oxo Tower Wharf, Barge House Street, SE1 9PH. Métro : Blackfriars. www.harveynichols.com/oxo-tower-london

National Portrait Gallery Restaurant

Si vous avez envie de réviser vos connaissances historiques sur la Grande-Bretagne, rien de tel qu'un tour par la National Portrait Gallery ! La collection du musée, qui comprend aussi bien des peintures que des dessins ou des sculptures, propose en effet de redécouvrir l'histoire du pays de manière chronologique à travers les portraits des personnalités les plus éminentes du royaume ! Après la visite, et pour digérer ce que vous aurez appris, faites une pause par le bar-restaurant et passez ***en mode paysage*** : les toits de Londres et les principaux monuments du centre-ville sont tous à portée de vue.

33 **National Portrait Restaurant.** National Portrait Gallery, St Martin's Place, WC2H 0HE. Métro : Leicester Square.
www.npg.org.uk/visit/shop-eat-drink/restaurant.php

Frank's Café & Campari Bar

Passer un après-midi à siroter des cocktails au soleil en profitant de vues spectaculaires sur Londres, ça vous tente ? Alors c'est au Frank's Café & Campari Bar qu'il faudra vous rendre. Ce pop-up bar, qui ouvre ses portes chaque année de fin juin à fin septembre, a l'originalité de se trouver sur le ***toit d'un parking*** à étages ! Pas très glamour, me direz-vous, et vous aurez raison. Mais à en juger par les milliers de Londoniens qui s'y pressent chaque été, il semblerait que ce soit quand même l'un des lieux les plus branchés de la capitale !

38 **Frank's Café & Campari Bar.** Peckham Multistory Car Park (dernier étage), 95a Rye Lane, SE15 4ST. Train : Peckham Rye. www.frankscafe.org.uk

Monument

En passant près de Monument, vous vous êtes peut-être demandé ce que représentait l'impressionnante colonne romaine surmontée d'une flamme qui se dresse à l'horizon ? Bâti par Christopher Wren et Robert Hooke, il s'agit en fait d'un mémorial érigé en souvenir du Grand Incendie qui ravagea Londres en 1666. Sa hauteur est de ***soixante et un mètres***, ce qui correspond précisément à la distance du lieu exact où se déclara le feu : la boulangerie de Thomas Farriner, sur Pudding Lane. Armez-vous de courage pour gravir ses trois cent onze marches : vous serez dûment récompensé. En effet, à son sommet, une plateforme d'observation offre une vue à couper le souffle. Si cela n'était pas suffisant, sachez que vous recevrez à la descente un certificat attestant de votre bravoure !

21 **Monument.** À l'angle de Monument Street et de Fish Street Hill, EC3R 6DB. Métro : Monument. www.themonument.info

Primrose Hill

Lorsque j'habitais dans le nord de Londres, j'allais souvent me promener du côté de Primrose Hill. Ce quartier, qui ressemble fort à ***un petit village***, avec ses jolies ruelles bordées de commerces, salons de thé et boutiques huppées, est très prisé des célébrités ! Sa colline, comptant parmi les plus beaux et les plus agréables parcs de la ville, mérite à elle seule le détour, ne serait-ce que pour la vue imprenable et dégagée qu'elle offre depuis son sommet ! En été, les Londoniens y viennent pour pique-niquer et se prélasser en maillot de bain.

39 **Primrose Hill.** 49 Regent's Park Road, NW1 8XD. Métro : Chalk Farm

The Berkeley, piscine et spa

Faire des longueurs dans une piscine chauffée tout en jouissant d'une vue imprenable sur Hyde Park, ça vous fait rêver ? Alors filez à l'hôtel Berkeley, situé dans le très chic quartier de Knightsbridge, et montez au septième étage : c'est là que se trouve ***le plus beau bassin de la capitale***, où les célébrités comme Madonna et Naomi Campbell viennent régulièrement faire quelques brasses ! Dès les beaux jours, son toit rétractable se découvre et vous pourrez non seulement nager en plein air, mais également profiter du soleil en terrasse après la baignade. Pour ceux et celles qui souhaiteraient se faire bichonner, sachez que l'espace remise en forme propose également des soins et massages à la carte.
Bien évidemment, cette expérience a un prix, mais après tout, il faut parfois savoir se faire plaisir !

40 **The Berkeley.** Wilton Place, SW1X 7RL. Métro : Knightsbridge. www.the-berkeley.co.uk

Royal Observatory

Vous êtes du côté de Greenwich et vous hésitez à grimper jusqu'en haut de la colline qui surplombe le parc ? Voici deux bonnes raisons de vous lancer. Premièrement, vous pourrez admirer l'une des ***vues les plus extraordinaires sur la Tamise***, les Docklands et le quartier d'affaires de Canary Wharf. Secondement, vous pourrez visiter l'observatoire astronomique, dont vous distinguez la coupole verte au loin. Créé en 1675 sur ordre du roi Charles II d'Angleterre, il abrite le célèbre méridien, mais aussi le plus grand télescope du pays, ainsi qu'une collection d'instruments de mesure plutôt étonnante. Allez, encore un petit effort et vous y êtes !

41 **Greenwich Park – Royal Observatory.** Blackheath Avenue, SE10 8XJ. DLR : Cutty Sark. www.rmg.co.uk/royal-observatory

une alternative à St Paul

Tout le monde vous le dira : la St Paul's Cathedral offre l'un des meilleurs points de vue de Londres ! Mais si vous préférez économiser le prix de l'entrée, ou si vous ne vous sentez tout simplement pas d'attaque pour monter les cinq cent trente marches qui mènent à la plateforme panoramique, laissez-moi vous suggérer de faire un tour par le centre commercial One New Change ! D'une hauteur de six étages, le bâtiment réalisé par l'architecte Jean Nouvel possède un ***ascenseur en verre*** qui vous conduira jusqu'à l'incroyable terrasse située sur le toit. De là, vous pourrez non seulement profiter de vues extraordinaires sur la ville, mais aussi contempler (de près !) le chef-d'œuvre de Christopher Wren !

42 **One New Change.** 1 New Change, EC4M 9AF. Métro : St Paul's. www.onenewchange.com

Magnifique vue depuis le Royal Observatory

City Hall

Impossible de manquer City Hall (l'hôtel de ville), situé à proximité du Tower Bridge, sur la rive sud de la Tamise ! Sa forme, souvent comparée à un œuf ou encore au casque de Dark Vador, est effectivement atypique. Dessinée par le très célèbre ***Norman Foster***, elle permet de réduire la surface du bâtiment et donc de réaliser des économies d'énergie importantes. Même si son architecture de verre vous laisse perplexe, prenez quand même la peine de jeter un œil à l'intérieur. L'impressionnant escalier à spirale, qui n'est pas sans rappeler la rampe du Reichstag de Berlin (du même architecte), vous permettra d'accéder au balcon supérieur depuis lequel vous pourrez admirer la ville !

43 **City Hall.** The Queen's Walk, SE1 2AA. Ouvert uniquement en semaine. Métro : London Bridge. www.london.gov.uk/city-hall

L'œuf de verre de City Hall

Tower Bridge

Vous ne le savez peut-être pas, mais il est possible d'emprunter les passerelles surélevées qui relient les deux tours de Tower Bridge ! Autrefois utilisées pour permettre la ***traversée du pont*** lorsque les bascules étaient ouvertes, elles furent finalement fermées en 1910, car peu utilisées. Il faut savoir qu'à l'époque il n'y avait pas d'ascenseur, il fallait donc gravir près de deux cents marches. Pas vraiment pratique si vous étiez chargé ! Rouvertes au public en 1982, elles offrent des points de vue vertigineux sur la ville et ses monuments emblématiques.

44 **Tower Bridge.** Métro : Tower Hill. www.towerbridge.org.uk

Galvin at Windows, restaurant Michelin

Perché au vingt-huitième étage de l'hôtel Hilton de Park Lane, Galvin at Windows offre tout ce que vous pouvez attendre d'un ***restaurant étoilé*** : une cuisine gastronomique raffinée, une carte des vins attractive, un cadre élégant et un service impeccable. Mais, surtout, il sert en prime une vue plongeante sur la ville ! Alors, entre les plats qui défilent, prenez le temps d'apprécier le paysage. Et si vous avez des questions, n'hésitez pas à vous adresser aux serveurs qui se feront un plaisir de vous renseigner sur les différents monuments à l'horizon – la majorité du personnel, tout comme le chef, est française !

9 **Galvin at Windows.** London Hilton Park Lane, 22 Park Lane, W1K 1BE. Métro : Hyde Park Corner. www.galvinatwindows.com

Le Londres urbain de Jonnie

Jonnie, 34 ans, est guide touristique. Il aime se promener dans les rues de Londres et, tel Sherlock Holmes, relever les moindres indices qui témoignent de l'histoire de la ville. Une histoire sans début ni fin, qui le passionne et qui l'inspire, et qu'il partage non sans plaisir avec les Londoniens d'un jour et de toujours.

Comment expliques-tu que Londres soit une destination touristique si prisée ?

C'est une ville incroyablement riche, historiquement et culturellement. Elle a aussi une extraordinaire capacité à constamment se réinventer, ce qui en fait un terrain d'exploration sans fin. Il y a toujours de nouveaux lieux à découvrir et de nouvelles expériences à vivre ! Comme l'a si bien formulé le Dr Johnson : « *When a man is tired of London, he is tired of life ; for there is in London all that life can afford.* » (Quand un homme est fatigué de Londres, c'est qu'il est fatigué de la vie. Car Londres a tout ce que la vie peut offrir.)

Selon toi, qu'est-ce qui rend l'architecture londonienne si intéressante ?

Elle est riche en contrastes. Par exemple, il n'est pas rare de trouver côte à côte un bâtiment moderne et une église vieille de plusieurs siècles, et, en remontant une rue, vous pouvez traverser jusqu'à 2000 ans d'histoire !

Ton quartier préféré ou celui que tu trouves le plus intéressant ?

La City, parce qu'elle regroupe des monuments retraçant l'histoire fascinante de la ville, des églises reconstruites par Christopher Wren après le Grand Incendie de Londres jusqu'aux gratte-ciel modernes qui se multiplient dans le quartier. On y trouve même des vestiges de l'époque romaine !

Quel monument symbolise le mieux Londres ?

La mosquée Jamme Masjid, qui témoigne, par son histoire, non seulement du caractère multiculturel de la ville, mais aussi de son aptitude à évoluer pour s'adapter aux besoins de ses habitants.

Un endroit incontournable ?

Trafalgar Square, la plus célèbre et sans doute la plus belle place de Londres. C'est aussi le centre officiel de la ville : l'endroit exact, marqué par une plaque au sol, se situe près de la statue de Charles Ier.

Une idée de balade ?

La promenade le long de South Bank, de Tower Bridge à Waterloo Bridge, offre des perspectives intéressantes sur les monuments de la ville : City Hall, Tower of London, St Paul's Cathedral, Shakespeare's Globe Theatre, Tate Modern, Royal Festival Hall, The National Theatre, London Eye et Houses of Parliament.

Et pour ceux qui souhaiteraient sortir des sentiers battus ?

Faites un tour dans l'est londonien, de préférence le dimanche, pour goûter à l'ambiance conviviale des marchés. Old Spitalfields Market, Brick Lane Market et Columbia Road Flower Market sont à deux pas les uns des autres.

Un lieu secret, peu connu des touristes ?

All Hallows by the Tower. Bien qu'elle se situe juste à côté de Tower of London, peu de personnes connaissent l'existence de cette église. C'est pourtant l'une des plus vieilles de la ville, et son architecture est plutôt atypique ! Un petit musée se cache également à l'intérieur.

Selon toi, quelle est la meilleure façon de visiter Londres ?

À pied, ou à vélo si vous voulez voir le maximum de choses en un minimum de temps. Et bien sûr, avec un guide qui saura vous montrer les charmes de la capitale mieux que personne.

Un dernier conseil ?

N'hésitez pas à explorer des quartiers un peu plus éloignés du centre-ville, comme Hampstead, Hackney, Brixton ou Greenwich. Ils sont aussi intéressants que dépaysants et vous offriront un autre regard sur la ville !

Les adresses coup de cœur de Jonnie

- **City Information Centre**
  St Paul's Churchyard, EC4M 8BX
  Métro : St Paul's
  www.cityoflondon.gov.uk/things-to-do/visiting-the-city
- **Brick Lane Jamme Masjid**
  59 Brick Lane, E1 6QL
  Métro : Aldgate East
  www.bricklanejammemasjid.co.uk
- **Promenade le long de la Tamise**
  South Bank
  Métros : Tower Hill/Waterloo
- **Trafalgar Square**
  Trafalgar Square, WC2N 5DN
  Métro : Charing Cross
  www.london.gov.uk/priorities/art-culture/trafalgar-square
- **Old Spitalfieds Market**
  16 Horner Square, E1 6EW
  Métro : Liverpool Street
  www.oldspitalfieldsmarket.com
- **All Hallows by the Tower**
  Byward Street, EC3R 5BJ
  Métro : Tower Hill
  www.allhallowsbythetower.org.uk

Drink me
Eat me

DESTINATIONS GOURMANDES

La cuisine britannique n'a pas toujours bonne réputation… Et pourtant, Londres compte parmi les villes où l'on mange le mieux au monde. Si vous ne me croyez pas, jugez-en par vous-même ! Profitez d'un tour au marché pour découvrir les spécialités locales, goûtez à la savoureuse cuisine des gastro-pubs ou allez prendre le thé dans un palace… Je partage avec vous mes meilleures adresses.

Paniers garnis

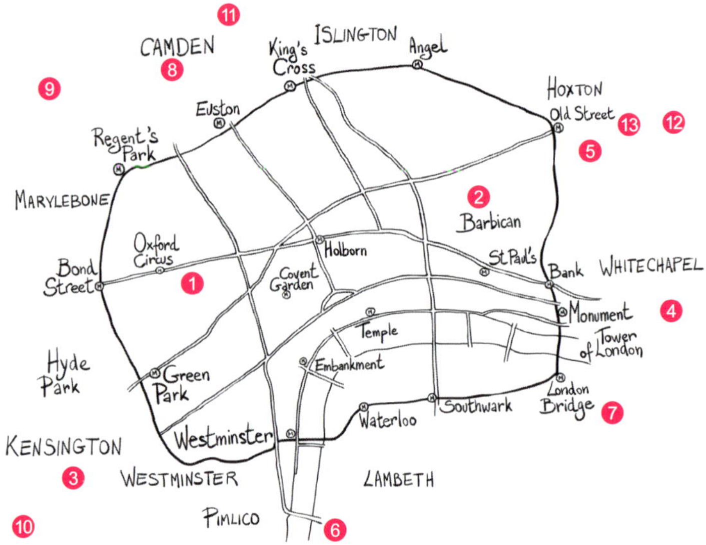

Berwick Street Market

Vous serez peut-être surpris de découvrir, au milieu des agences médias et des sex-shops qui ont envahi le quartier de Soho, un tout petit marché. Établi depuis le XVIIIe siècle – bien qu'il ne fût officiellement reconnu en tant que tel qu'en 1892 –, Berwick Street Market est l'un des plus vieux marchés de la ville. En plus des vendeurs traditionnels, il est surtout devenu le repaire des amateurs de ***street food***. Entre les spécialités mexicaines de chez Freebird Burritos, les délicieuses pizzas de Pizza Pilgrims et les baguettes vietnamiennes de chez Bánhmì11, vous trouverez ici de quoi vous régaler ! Pensez-y si vous êtes dans le centre et que vous cherchez à manger sur le pouce.

1 **Berwick Street Market.** Berwick Street, W1F 8TW. Métro : Piccadilly Circus. Ouvert du lundi au samedi, de 9 heures à 17 heures

Smithfield Market

Smithfield Market est l'un des plus célèbres ***marchés de viande*** au monde. Installé dans une magnifique halle en fer forgé construite par Horace Jones à l'époque victorienne, il abrite les stands de plus de cent cinquante marchands qui approvisionnent les meilleures boucheries et restaurants de la ville. Le meilleur moment pour s'y rendre ? Entre 5 heures et 7 heures du matin, lorsque les camions frigorifiques déchargent les carcasses et que les vendeurs préparent leurs étals. Ne manquez pas de jeter un œil aux panneaux qui racontent l'histoire sanglante des lieux. Vous y découvrirez, entre autres, qu'au début du XIXe siècle les hommes n'y vendaient pas que du bétail, mais aussi leurs femmes !

Après votre visite, poussez donc la porte de chez Smiths of Smithfield : ce ***gastropub***, qui ouvre dès 7 heures du matin, propose des petits déjeuners copieux pour bien démarrer votre journée !

2 **Smithfield Market.** Central Markets, EC1A 9PS. Métro : Barbican. Ouvert du lundi au vendredi, de 4 heures à 10 heures. www.smithfieldmarket.com

2 **Smiths of Smithfield.** 67-77 Charterhouse Street, EC1M 6HJ. Métro : Barbican. www.smithsofsmithfield.co.uk

Partridges Food Market

Si King's Road est surtout connue pour ses boutiques de luxe, sachez qu'elle abrite également tous les samedis un petit marché sympathique. Situé juste en face de l'épicerie fine Partridges il comprend une ***cinquantaine de stands***. Au-delà des huîtres, du fromage truffé et des sandwichs au confit de canard qui sauront certainement combler la clientèle exigeante du quartier de Chelsea, vous y trouverez une sélection alléchante de produits britanniques.

3 **Partridges Food Market.** The Duke of York Square, King's Road, SW3 4LY. Métro : Sloane Square. Ouvert tous les samedis de 10 heures à 16 heures. www.partridges.co.uk

Billingsgate Market

En 1982, Billingsgate Market quitta son emplacement historique pour emménager dans de nouveaux locaux près de Canary Wharf. Le marché couvert, qui s'étend sur une surface de cinquante mille mètres carrés et comprend près d'une centaine d'étals, est ***le plus grand marché au poisson du Royaume-Uni*** ! Les espèces du monde entier y sont représentées. Bien qu'il soit destiné aux grossistes, il est ouvert aux particuliers, vous pourrez donc y faire vos courses à des prix défiant toute concurrence. Vous y trouverez également des fruits de mer et des produits préparés (soupes, terrines, crustacés cuisinés) ! Sur place, une école de cuisine vous apprendra, lors d'un cours, à vider, préparer et cuisiner vos poissons.

4 **Billingsgate Market.** Trafalgar Way, E14 5ST. DLR : Blackwall. Ouvert du mardi au samedi, de 4 heures à 9 heures 30

4 **Billingsgate Seafood School.** www.seafoodtraining.org

Brick Lane Market

Pour découvrir le véritable visage du ***quartier bengali*** de Londres, il faut le visiter le dimanche : jour du marché. Dès 8 heures du matin, l'endroit prend vie lorsque les vendeurs installent leurs stands (souvent à même le sol) le long de Brick Lane, mais aussi dans Cheshire Street et Sclater Street. Meubles anciens, vêtements de créateurs et vintage, bijoux, appareils électroniques, livres, vélos d'occasion et curiosités en tout genre : c'est un vrai bric-à-brac qui réserve de bonnes affaires à ceux qui prendront le temps de fouiner ! Vous y trouverez également de nombreux étals proposant des délices du monde entier. Pour une expérience plus authentique et plus typique, je vous encourage à goûter aux spécialités de l'est londonien dans l'un des nombreux restaurants indiens de la rue ou chez Beigel Bake, qui vend les meilleurs *bagels* de la ville.

5 **Brick Lane Market.** Brick Lane, E1 6QL. Métro : Aldgate East/Train : Shoreditch High Street. Tous les dimanches de 9 heures à 17 heures

5 **Beigel Bake.** 159 Brick Lane, E1 6SB. Train : Shoreditch High Street

Brixton Market

Brixton Market est l'un des marchés les plus animés et les plus colorés de Londres ! Il s'est largement développé depuis la fin du XIXe siècle et comprend désormais plusieurs rues et galeries couvertes reliées entre elles. L'atmosphère, délicieusement ***populaire et exotique***, en fait un lieu dépaysant dans lequel il fait bon flâner et se perdre. Si l'on y trouve de tout et n'importe quoi, le marché est surtout réputé pour son choix de produits africains et antillais (produits culinaires, vêtements et tissus, musique, objets d'artisanat). Vous avez une petite faim ? Goûtez au *jerk chicken*, une spécialité jamaïquaine vendue à chaque coin de rue, ou explorez les avenues de Granville Arcade (également connue sous le nom de Brixton Village) qui offrent une sélection impressionnante de cafés et restaurants proposant une cuisine pour tous les goûts !

6 **Brixton Market.** Entre Electric Avenue et Coldharbour Lane, SW9 8JX. Métro : Brixton

Les horaires d'ouverture varient pour chaque marché. Pour plus d'informations : http://brixtonmarket.net

Maltby Street Market

En vous aventurant à l'est de London Bridge, vous tomberez sur l'un des secrets les mieux gardés de la capitale : Maltby Street Market, un marché plus petit, mais beaucoup moins bondé que Borough Market – bien qu'il ne cesse de gagner en popularité ! Situé sous la voie de chemin de fer, dans une petite rue discrètement nichée entre Tanner Street et Millstream Road, c'est un vrai ***paradis pour les gourmands*** !
Tous les week-ends, les entrepôts ouvrent leurs portes et installent leurs étals dans la rue. Vous y trouverez toutes sortes de produits alimentaires artisanaux (charcuterie, pain, fromage, café, vin) et des tables pour pique-niquer. Faites aussi un tour dans Druid Street, Dockley Road et Spa Road et arrêtez-vous chez St John Bakery : leurs *doughnuts* à la crème anglaise sont tout simplement irrésistibles !

7 **Maltby Street Market.** Maltby Street, SE1 3PA. Métro : Bermondsey. Ouvert les samedis et dimanches de 9 heures à 15 heures

7 **St John Bakery.** 72 Druid Street, SE1 2DU. Métro : Bermondsey. www.stjohngroup.uk.com/bakery

Camden Lock Market, West Yard

Le marché aux puces de Camden est l'un des endroits les plus insolites de la capitale et, bien qu'il soit très connu des touristes, il constitue une étape incontournable lors de votre voyage à Londres. En plus de ses disquaires, antiquaires et nombreuses friperies, un petit ***marché en plein air*** propose une cuisine diverse et variée. Installé sur une agréable place en plein cœur du Camden Lock Market, il comprend une quarantaine de stands de nourriture à emporter. Sushis, falafels, fajitas, burritos, currys, paellas, empanadas, burgers, dim sum : c'est un véritable tour du monde culinaire

Les entrepôts
du Maltby Street Market

qui vous est proposé ! On y mange généralement très bien et pour pas trop cher. Si vous êtes chanceux, vous trouverez même une table avec vue sur le canal.

8 **Camden Lock Market, West Yard.** Camden Lock Place, Chalk Farm Road, NW1 8AF. Métro : Camden Town. Ouvert tous les jours de 10 heures à 17 heures. http://camdenlockmarket.com

Les étals appétissants de Camden Market

marchés fermiers

Le samedi et le dimanche, les établissements scolaires sont fermés à Londres. Pourquoi y a-t-il alors tant de mamans accompagnées de leurs chérubins qui poussent les grilles des cours d'écoles, un panier sous le bras ? Eh bien, tout simplement parce que les fermiers et petits producteurs agricoles s'y invitent le temps du week-end, pour vendre leurs produits à tous ceux qui préfèrent ***acheter directement*** aux agriculteurs et artisans plutôt qu'au supermarché. C'est le cas par exemple à Queen's Park, Wimbledon ou encore à Parliament Hill.

9 **Queens Park Farmers' Market.** Salusbury Primary School, Salusbury Road, NW6 6RG. Métro : Queen's Park. Tous les dimanches de 10 heures à 14 heures

10 **Wimbledon Farmers' Market.** Wimbledon Park Primary School, Havana Road, SW19 8EJ. Métro : Wimbledon Park. Ouvert les samedis de 9 heures à 13 heures

11 **Parliament Hill Farmers' Market.** William Ellis School, Highgate Road, NW5 1RN. Train : Gospel Oak. Ouvert les samedis de 10 heures à 14 heures

Pour une liste des différents marchés fermiers de la capitale : www.lfm.org.uk

Broadway Market

Broadway Market a tout ce qu'il faut pour séduire les ***bobos londoniens*** : de nombreux commerces et boutiques indépendantes, plusieurs librairies, des cafés cosy, quelques pubs fort sympathiques, plusieurs restaurants et une situation privilégiée au bord du Regent's Canal. Mais c'est surtout son marché qui attire les foules : tous les samedis, il regroupe de nombreux petits producteurs qui proposent essentiellement des produits frais et bio, à cuisiner ou prêts à manger – le parc de London Fields, idéal pour un pique-nique, se trouve juste au bout de la rue. On y vient donc pour bruncher, mais aussi pour se montrer en terrasse, écouter jouer les musiciens de rue ou tout simplement profiter de l'atmosphère animée de la rue.

12 **Broadway Market.** Broadway Market, E8 4PH. Métro : Bethnal Green. Tous les samedis de 9 heures à 17 heures. http://broadwaymarket.co.uk

Columbia Road Flower Market

Le marché aux fleurs de Columbia Road est l'un de mes endroits préférés. Chaque dimanche matin, cette petite rue tranquille, bordée de charmantes maisons victoriennes, se transforme en un véritable ***festival de couleurs et de senteurs*** qui attire aussi bien les Londoniens que les touristes. Vous y trouverez un choix impressionnant de fleurs et de plantes du monde entier, mais pas seulement ! Columbia Road, c'est aussi des boutiques de mode vintage, des studios d'artistes, des vendeurs d'antiquités et d'objets pour la maison, et de nombreux cafés et restaurants pour satisfaire toutes vos fringales. Le petit salon de thé dissimulé à l'arrière de la boutique Vintage Heaven est particulièrement accueillant et propose du café de chez Monmouth Coffee et des gâteaux maison absolument divins !

13 **Columbia Road Flower Market & Shops.** Columbia Road, E2 7RG. Métro : Old Street/Train : Hoxton. www.columbiaroad.info

13 **Vintage Heaven.** 82 Columbia Road, E2 7QB, Métro : Old Street. www.vintageheaven.co.uk

Le marché aux fleurs

Cartes sur table

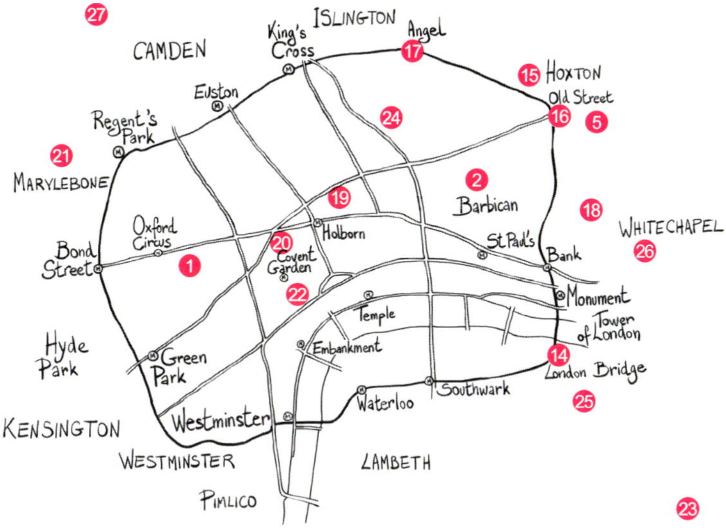

St John

Installé dans un ancien fumoir à proximité du célèbre marché de Smithfield, St John est un repaire pour les amateurs de viande et les estomacs aventureux. On y vient en effet pour goûter aux recettes inspirées du chef Fergus Henderson, un pionnier de la gastronomie britannique dont la philosophie, plus connue sous le nom de *« nose to tail eating »*, pourrait se résumer à ***« tout est bon dans le cochon »***. Attendez-vous donc à découvrir au menu des morceaux de viande inhabituels, comme des pieds, des joues, des intestins, des cœurs, des foies, des langues, des oreilles et des queues ! Les descriptions des plats sont brèves et se résument le plus souvent à deux ou trois ingrédients. Alors, si vous n'arrivez pas à faire votre choix, laissez-vous guider par les recommandations des serveurs.

2 **St John.** 26 St John Street, EC1M 4AY. Métros : Barbican / Farringdon. www.stjohngroup.uk.com / smithfield

Albion

Si vous souhaitez goûter aux spécialités britanniques lors de votre séjour à Londres, laissez-moi vous recommander l'une de mes adresses préférées : chez Albion. En plus du *fish & ships*, de la *shepherd's pie* et du traditionnel *sausage & mash*, vous trouverez au menu d'autres plats moins connus, comme le *welsh rarebit* (une sorte de tartine au cheddar fondu), les *devilled kidneys* (des rognons d'agneau à la moutarde) ou encore le *kedgeree* (une recette épicée à base de riz et de poisson). Les plats sont classiques, mais savoureux. Le décor, quant à lui, est celui d'une ***cantine chic*** : simple, mais design, avec de longues tables en bois clair, des lampes industrielles, une cuisine ouverte sur la salle et du carrelage mural blanc imitation brique rappelant le métro parisien.

5 **Albion.** 2-4 Boundary Street, E2 7DD. Métro : Liverpool Street/Train : Shoreditch High Street. www.albioncaff.co.uk

Le restaurant ne prend pas de réservations, mais, si vous devez patienter, profitez-en pour prendre un verre à la terrasse du bar installé sur le toit de l'immeuble, The Boundary, qui offre de jolies vues sur la City et Canary Wharf.

La boutique-restaurant Albion

Roast, Borough Market

Difficile de trouver un meilleur emplacement que celui de Roast ! Perché au premier étage du Borough Market, il offre une ***vue imprenable*** sur les étals attrayants du plus grand et du plus animé des marchés alimentaires de la capitale (un conseil : lorsque vous réservez, demandez une table près de la fenêtre). Le restaurant propose une cuisine britannique traditionnelle et, si certains pourront reprocher au chef son manque d'innovation, ils n'auront certainement rien à redire sur la qualité gustative des mets. Les produits utilisés dans la préparation des plats sont rigoureusement sélectionnés chez les meilleurs artisans et producteurs locaux. De plus la carte évolue au fil des saisons, selon les ingrédients disponibles et l'inspiration du chef.

14 **Roast.** Borough Market, The Floral Hall, Stoney Street, SE1 1TL. Métro : London Bridge. www.roast-restaurant.com

Fifteen

Fifteen n'est pas un simple restaurant, c'est aussi une école et surtout une entreprise sociale. Créée en 2002 à l'initiative du chef britannique ***Jamie Oliver***, elle permet chaque année à quinze jeunes en difficulté de suivre une formation pratique qui leur donnera toutes les chances de réaliser leur rêve : devenir chef. Jugez de leur talent par vous-même en réservant une table, soit à la trattoria, qui se trouve au rez-de-chaussée et depuis laquelle vous pourrez voir les cuisines, soit au restaurant situé au sous-sol. La cuisine est d'inspiration italienne, et l'on y retrouve tous les classiques du genre, comme les risottos et les pâtes, revisités avec goût. La carte change quotidiennement, le service est professionnel et les prix plus que corrects.

15 **Fifteen.** 15 Westland Place, N1 7LP. Métro : Old Street. www.fifteen.net

The Breakfast Club

Les lève-tôt comme les lève-tard se donnent tous rendez-vous au Breakfast Club : les petits déjeuners y sont en effet servis à toute heure de la journée. Outre le traditionnel *English breakfast* (le *Full Monty*, comme on l'appelle ici), vous trouverez à la carte des pancakes aux fruits rouges, du porridge, des œufs Bénédicte, du pain perdu à la banane, des sandwichs au bacon, des *bagels* et d'autres ***délices sucrés et salés*** pour bien démarrer la journée ! Et puisque vous y êtes, pourquoi ne pas vous laisser tenter par l'un de leurs délicieux smoothies, par leur chocolat chaud gourmand aux marshmallows ou leurs milkshakes à la crème glacée ! Évidemment, vous n'aurez pas l'occasion de tout goûter en une seule fois, mais peu importe : vous reviendrez à coup sûr !

The Breakfast Club :

16 2-4 Rufus Street, N1 6PE. Métro : Old Street

17 31 Camden Passage, N1 8EA. Métro : Angel

1 33 D'Arblay Street, W1F 8EU. Métro : Oxford Circus

18 12-16 Artillery Lane, E1 7LS. Métro : Liverpool Street

www.thebreakfastclubcafes.com

fish & chips

Filet de cabillaud frit et pané, accompagné de frites, purée de petits pois et sauce tartare : vous l'aurez reconnu, le fameux *fish & chips* ! Un plat simple et consistant dont les Anglais raffolent et qui compte parmi les ***classiques de la gastronomie britannique***. Vous auriez bien tort de ne pas y goûter lors de votre séjour, d'autant plus qu'il en existe d'excellents dans la capitale.

L'atmosphère détendue du Breakfast Club d'Hoxton

The Fryers Delight, situé dans le quartier de Holborn, est l'un de mes favoris. Les portions sont généreuses, les prix font sourire et le décor sans prétention ***évoque les années 1950***. Vous pouvez aussi tester The Rock & Sole Plaice à Covent Garden, l'un des plus vieux *chippy* de la ville ou, si vous recherchez un endroit plus sophistiqué, The Sea Shell, à Marylebone (niveau qualité, vous ne trouverez pas mieux).

19 **The Fryers Delight.** 19 Theobalds Road, WC1X 8SL. Métro : Holborn

20 **The Rock & Sole Plaice.** 47 Endell Street, WC2H 9AJ. Métro : Covent Garden

21 **The Sea Shell of Lisson Grove.** 49-51 Lisson Grove, NW1 6UH. Métro : Marylebone. www.seashellrestaurant.co.uk

Rules

Les murs sont entièrement recouverts de portraits, peintures, trophées de chasse et autres curiosités si bien que, sans les tables dressées de nappes blanches et les serveurs élégamment vêtus, vous pourriez croire que Rules est un musée. Vous n'auriez pas totalement tort, car l'établissement, fondé en 1798, est ***le plus vieux restaurant de la ville***. Les banquettes en velours rouge, les boiseries, la moquette au sol et les vitraux contribuent également à l'atmosphère légèrement surannée des lieux. Mais ne vous arrêtez pas au décor : penchez-vous plutôt sur la carte. Elle met à l'honneur le gibier, et cela n'est pas étonnant, car la maison possède son propre domaine de chasse dans les Pennines. Que vous vous laissiez tenter par le civet de lièvre, le faisan rôti, le confit de canard sauvage ou la terrine de venaison, vous ne serez pas déçu !

22 **Rules.** 35 Maiden Lane, WC2E 7LB. Métros : Covent Garden / Leicester Square. www.rules.co.uk

pie & mash

Si vous passez par Greenwich, profitez-en pour aller déjeuner chez Goddards. Ce ***restaurant familial***, fondé par Alfred Goddard en 1890, est l'un des rares endroits où l'on sert encore le traditionnel pie & mash : une tourte accompagnée de sa purée de pommes de terre et généreusement arrosée d'une sauce persillée. Ce plat simple et bon marché, inscrit dans la tradition culinaire britannique depuis l'ère victorienne, était particulièrement populaire auprès de la classe ouvrière londonienne. À l'époque, il était préparé à base d'anguille, mais aujourd'hui, celle-ci a été remplacée par de la viande. Si cela vous tente, vous pourrez quand même goûter à l'anguille en aspic ou en ragoût : deux spécialités typiques de l'est et du sud londonien dont vous me direz des nouvelles !

23 **Goddards.** 22 King William Walk, SE10 9HU. DLR : Cutty Sark. www.goddardsatgreenwich.co.uk

Deux autres adresses pour goûter au traditionnel *pie & mash* :

24 **Clark's.** 46 Exmouth Market, EC1R 4QE. Métros : Angel / Farringdon

25 **M. Manze.** 87 Tower Bridge Road, SE1 4TW. Métro : Borough. www.manze.co.uk

Tayyab's

Impossible de quitter Londres sans avoir goûté au plat national anglais : ***le curry***. Pour une expérience authentique, oubliez Brick Lane et poussez un peu plus loin jusqu'à Whitechapel. C'est là, au détour d'une ruelle, que vous découvrirez Tayyab's. À en juger par la queue à l'entrée, vous comprendrez vite que ce restaurant est l'un des plus prisés de la capitale, notamment par les locaux, qui ne s'en lassent pas. On les comprend : la cuisine, d'origine indo-pakistanaise, est excellente et les prix semblent dérisoires. Le poulet tikka, les côtelettes d'agneaux et les nans (particulièrement celui à la viande) comptent parmi les spécialités de la maison à ne pas manquer. À défaut d'être attentionné, le service est rapide, et si la salle est parfois très bruyante, peu importe : on y mange bien, et c'est tout ce qui compte ! Au fait, le restaurant ne sert pas d'alcool, donc pensez à apporter votre propre bouteille de vin (c'est permis !) ou optez pour un délicieux lassi à la mangue !

26 **Tayyab's.** 83-89 Fieldgate Street, E1 1JU. Métro : Whitechapel. www.tayyabs.co.uk

The Holly Bush

Situé à Hampstead, dans une ruelle où personne n'irait le chercher, The Holly Bush fait partie de ces secrets que les locaux essayent de garder pour eux. Facile de comprendre pourquoi : avec ses différentes salles aux nombreux recoins, ses boiseries et ses cheminées, ce pub est plein ***de charme et de caractère***. Autre atout, et pas des moindres : sa carte ! Composée d'un assortiment de plats traditionnels anglais, elle est digne de l'un des meilleurs gastropubs de la capitale. Je vous conseille donc de réserver une table, car celles-ci sont très prisées, notamment le dimanche, lorsque les nombreux promeneurs de Hampstead Heath viennent déguster le traditionnel *sunday roast*.

27 **The Holly Bush.** 22 Holly Mount, NW3 6SG. Métro : Hampstead. http://hollybushhampstead.co.uk

L'intérieur tout en bois de The Holly Bush

À l'heure du thé

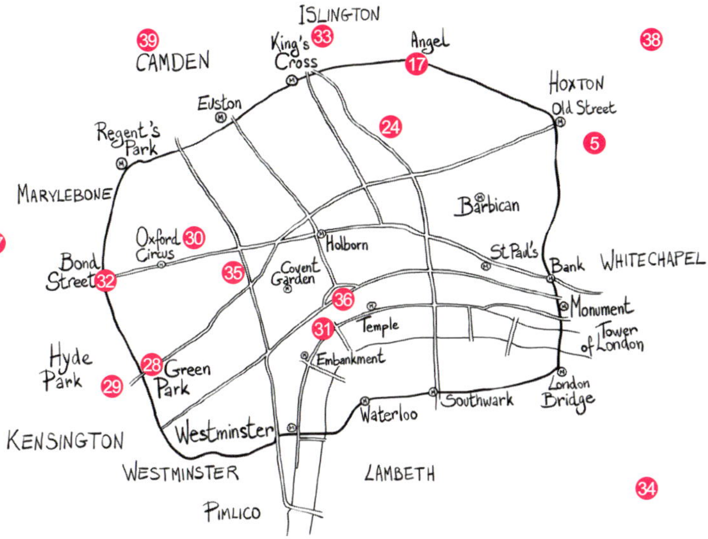

Rose Bakery

Lorsque j'habitais à Paris, je me laissais souvent tenter par les pâtisseries anglaises de chez Rose Bakery, un petit salon de thé situé rue des Martyrs et tenu par Rose, une Anglaise, et son mari, Jean-Charles. Je fus donc délicieusement surprise de découvrir que, suite à leur succès parisien, le couple a décidé d'ouvrir un second café à Londres. J'y ai retrouvé toutes les spécialités british qui m'avaient donné quelques années auparavant le goût de l'Angleterre : les *crumbles*, le *sticky toffee pudding*, et surtout le ***carrot cake*** ! Curieusement, le café est installé au dernier étage du Dover Street Market, un concept-store de mode branché créé par la styliste japonaise Rei Kawakubo (qui n'est autre que la belle-sœur de Rose !).

28 **Rose Bakery.** Dover Street Market (4e étage), 17-18 Dover St, W1S 4LT. Métro : Green Park. www.doverstreetmarket.com

afternoon tea

Le thé de l'après-midi est une coutume anglaise qui remonterait au milieu du XIXe siècle. La duchesse de Bedford, qui avait souvent faim dans l'après-midi, demanda un jour à son majordome de lui faire monter dans sa chambre ***un thé et une petite collation*** qui lui permettraient de patienter jusqu'à l'heure du dîner. Elle en fit rapidement une habitude puis, inspirée par les salons de conversation français, elle décida d'y inviter ses amies. Le rituel gagna alors en popularité et se répandit dans tout le pays pour devenir le célèbre *five o'clock tea*. Aujourd'hui encore,
il se perpétue, et la meilleure façon d'apprécier cette haute tradition britannique à sa juste valeur est encore d'aller prendre un thé traditionnel dans l'un des grands hôtels de la capitale. La carte varie d'un établissement à l'autre, mais vous trouverez presque toujours des sandwiches au concombre, des *scones* et autres pâtisseries en tout genre accompagnés d'une sélection de thé.

Voici quelques-unes de mes adresses préférées :

Ouvert en 1837, ***Brown's*** est le plus ancien hôtel de Londres, et son histoire est tout à fait fascinante. Vous pourrez la découvrir en prenant le thé dans ses salons, qui ne manquent ni de charme ni de raffinement.

28 **Brown's Hotel.** Albemarle Street, W1S 4BP. Métro : Green Park. www.brownshotel.com

L'hôtel ***Berkeley***, situé dans le quartier de Knightsbridge, est très couru pour son « Prêt-à-Portea ». Originales, les pâtisseries sont inspirées des dernières tendances de la mode et changent à chaque saison. Craquez pour un trench Burberry ou des escarpins Louboutin, c'est permis !

29 **Berkeley.** Wilton Place, SW1X 7RL. Métro : Knightsbridge. www.the-berkeley.co.uk

Le ***Ritz*** est une véritable institution à Londres ! Inauguré en 1905, l'hôtel est l'un des plus luxueux du monde. Prendre le thé sous la verrière de son restaurant, le Palm Court, promet une expérience inoubliable. Attention, tenue correcte exigée !

28 **The Ritz.** 150 Piccadilly, W1J 9BR. Métro : Green Park. www.theritzlondon.com

À l'hôtel ***Sanderson***, on vous servira l'extraordinaire *Mad Hatter's Tea*, inspiré par le célèbre récit de Lewis Carroll. Suivez le lapin blanc jusque dans la ravissante cour intérieure du palace et vous découvrirez un monde fantaisiste et merveilleux.

30 **Sanderson.** 50 Berners Street, W1T 3NG. Métro : Oxford Circus. www.sandersonlondon.com

Récemment rénové, l'hôtel ***Savoy*** éblouit par sa beauté et son élégance. Le thé de l'après-midi, qui prend place dans le *Thames Foyer*, offre un véritable régal pour les sens. En repartant, passez par la boutique et le musée qui valent le détour.

31 **Savoy.** Strand, WC2R 0EU. Métros : Charing Cross / Temple. www.fairmont.com / savoy-london

Les connaisseurs se rendront chez ***Claridge's***, qui propose une sélection impressionnante de thés classiques, aromatisés et de tisanes. L'hôtel, décoré dans un style Art déco, est magnifique et le service est impeccable.

32 **Claridge's.** Brook Street, W1K 4HR. Métro : Bond Street. www.claridges.co.uk

Conseil : pour être sûr d'obtenir une table dans l'un de ces prestigieux hôtels, pensez à réserver plusieurs semaines à l'avance

Candid Café

Seuls les artistes et les initiés connaissent ce petit café dissimulé à quelques mètres de la station de métro Angel. Sa grande table en bois décorée de chandeliers, ses fauteuils confortables et sa collection d'art éclectique confèrent au Candid Café une atmosphère à la fois ***bohème et intimiste***. C'est le genre d'endroit dans lequel on peut facilement passer l'après-midi à refaire le monde avec de vieux amis. Les places près de la fenêtre offrent une vue agréable sur une petite cour intérieure qui dispose de plusieurs tables, vous pourrez vous y installer les jours de beau temps.

17 **Candid Café.** 3-5 Torrens Street (2e étage), EC1V 1NQ. Métro : Angel.
www.candidarts.net

Drink, Shop & Do

À deux pas de la gare King's Cross, vous trouverez Drink, Shop & Do. De la rue, l'endroit ressemble à une simple boutique d'objets design, mais si vous entrez, vous découvrirez à l'arrière du magasin un escalier qui mène à une grande pièce joliment décorée de mobilier de toutes les couleurs, chiné aux quatre coins de la ville par Coralie et Kristie, les propriétaires. L'originalité de ce ***café-concept*** ? Tout est à vendre : la chaise sur laquelle vous êtes assis, la tasse en porcelaine vintage que vous tenez à la main et même l'affiche sur le mur à côté de vous ! En soirée, des ateliers créatifs sont régulièrement organisés et le sous-sol se transforme en dance-floor avec boule à facettes et cocktails à gogo.

33 **Drink, Shop & Do.** 9 Caledonian Road, N1 9DX. Métro : King's Cross St Pancras.
www.drinkshopdo.com

Brill

Brill, situé sur Exmouth Market, n'est pas un café ordinaire. Son propriétaire, Jeremy, était disquaire avant d'être barista et, face au déclin de l'industrie musicale, il n'eut pas d'autre choix que de se reconvertir. Il décida alors d'ouvrir un café au concept original, en proposant à ses clients d'accompagner leur boisson chaude d'***une dose de musique***. Dans les bacs à disques qui recouvrent l'un des murs du café, vous trouverez une sélection plutôt éclectique : soul, rock, jazz, blues et reggae. Si cela ne suffisait pas à vous convaincre, sachez que les *bagels* sont à se damner, que le wi-fi est gratuit, et que des journaux et magazines sont à disposition.

24 **Brill.** 27 Exmouth Market, EC1R 4QL. Métros : Angel / Farringdon

The Vintage Emporium

The Vintage Emporium est l'un de mes salons de thé préférés. La pièce principale est composée d'objets vieillots et de curiosités qui semblent appartenir à une autre époque. Les tables sont en bois et, si les canapés comme les fauteuils donnent l'impression d'avoir déjà bien vécu, ils n'en sont pas pour autant moins confortables. La musique rétro, elle aussi, correspond parfaitement à l'atmosphère des lieux. Étrange et merveilleux à la fois, cet endroit me rappelle ***le salon de ma grand-mère*** : on y oublie le temps qui passe et on y déguste des douceurs maison accompagnées d'une tasse de thé. Au sous-sol se niche une petite boutique qui ravira les amateurs de mode vintage !

5 **The Vintage Emporium.** 14 Bacon Street, E1 6LF. Train : Shoreditch High Street. www.vintageemporiumcafe.com

The Deptford Project

C'est en allant faire un tour au marché de Deptford que je suis tombée sur The Deptford Project. Installé dans un ***ancien wagon*** de la South Eastern Railway, ce café atypique conçu par le studio de design Myerscough mérite le coup d'œil. L'extérieur a été repeint dans un style urbain et coloré, tandis que l'intérieur a été entièrement réaménagé et équipé d'une petite cuisine. Soupes, sandwiches, salades, quiches, pâtisseries : de quoi vous ravitailler en cas de petite faim. Vous verrez que les portions sont généreuses et les prix plus que raisonnables. Enfin, ne partez pas sans visiter les toilettes !

34 **The Deptford Project.** 121-123 Deptford High Street, SE8 4NS.
DLR : Deptford Brigde. www.thedeptfordproject.com

Ray's Jazz Café

La librairie Foyles, installée sur Charing Cross Road depuis 1906, est une véritable institution londonienne. En plus de ses cinq étages dédiés aux livres en tout genre, elle possède aussi son propre café : le Ray's Jazz Café. Cet endroit, idéal pour s'abandonner à la lecture tout en sirotant une tasse de thé, est l'un de mes refuges préférés les jours de pluie. L'ambiance y est délicieusement jazzy et des ***concerts*** y sont organisés de temps à autre.

35 **Ray's Jazz Café.** Foyles, 113-119 Charing Cross Road, WC2H 0EB.
Métro : Tottenham Court Road

Courtauld Gallery's Café

De la collection permanente, qui inclut certains des plus grands chefs-d'œuvre de Manet, Van Gogh et Cézanne, aux expositions temporaires, très souvent de haute qualité et passionnantes, il y a toujours une bonne raison de visiter la Courtauld Gallery. S'il vous en fallait une

L'insolite wagon-café du Deptford Project

autre, sachez que le musée dissimule un charmant café. Situé au sous-sol, il dispose d'une ***terrasse très agréable*** où vous pourrez prendre le soleil, boire un verre et manger un morceau. Le menu change en même temps que les expositions.

36 **The Courtauld Gallery.** Somerset House, Strand, WC2R 0RN.
Métros : Charing Cross / Temple. www.courtauld.ac.uk

Daylesford Farmshop & Café

Si vous êtes du côté de Notting Hill, allez faire un tour chez Daylesford. Située sur Westbourne Grove, cette ***épicerie de luxe*** propose uniquement des produits biologiques, frais et de saison. La plupart (notamment le fromage, le lait, la viande, les œufs et le pain) proviennent d'ailleurs de la fameuse ferme du même nom, implantée depuis plus de 25 ans dans le Gloucestershire. Vous pourrez donc y faire votre marché ou, mieux, goûter sur place aux spécialités de la maison. Le café-restaurant, situé au premier étage et décoré dans un style rustique chic, est simplement charmant. Beau et bio, que demander de plus ?

37 **Daylesford Farmshop & Café.** 208-212 Westbourne Grove, W11 2RH.
Métro : Notting Hill Gate. www.daylesfordorganic.com

FARM:shop

Situé dans un bâtiment de trois étages en plein cœur de Dalston, FARM:shop est un impressionnant laboratoire d'expérimentations en ***agriculture urbaine***. Au rez-de-chaussée, des plantes comestibles poussent sous des lampes à sodium et vous trouverez une petite ferme aquaponique. Il y a même un jardin avec une serre-tunnel – sous laquelle sont cultivés des fruits, des légumes et des plantes aromatiques –, ainsi qu'un poulailler sur le toit ! Tous les produits récoltés sur place sont vendus dans le magasin et utilisés dans la préparation des plats servis au café. Un avant-goût de l'avenir ?

38 **FARM:shop.** 20 Dalston Lane, E8 3AZ. Train : Dalston Junction. www.farmlondon.weebly.com

Primrose Bakery

Si, comme moi, vous raffolez des cupcakes, vous allez adorer Primrose Bakery ! Situé dans le charmant quartier de Primrose Hill, cet adorable salon de thé à la devanture jaune et à l'ambiance délicieusement rétro est une institution pour tous les fans de pâtisseries. La ***sélection de cupcakes*** est merveilleuse ; il y en a de toutes les couleurs et pour tous les goûts ! Parmi les parfums originaux, vous trouverez, entre autres : caramel beurre salé, chocolat-banane, bubble gum, violette, moka, gingembre et beurre de cacahuètes ! À déguster sur place ou à emporter, à moins que vous ne préfériez repartir avec le livre de cuisine de Martha et Lisa afin de réaliser toutes ces recettes chez vous !

39 **Primrose Bakery.** 69 Gloucester Avenue, NW1 8LD. Métro : Chalk Farm. www.primrosebakery.org.uk

Une petite pause à Primrose Bakery ?

Tournée des pubs

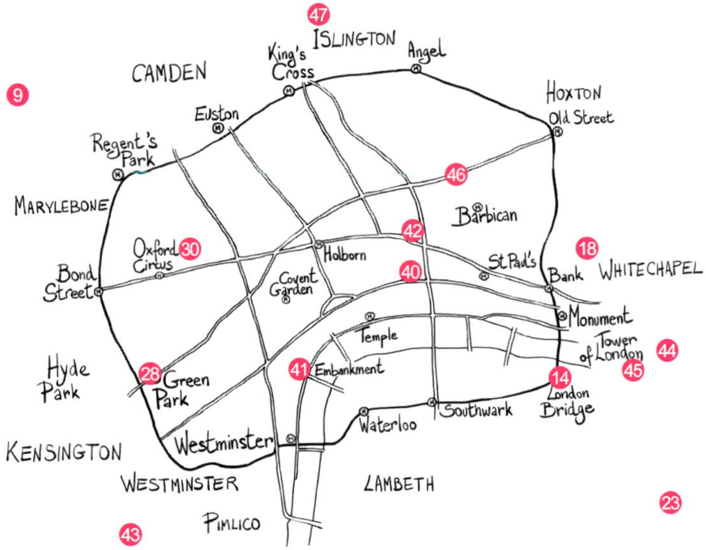

Ye Olde Cheshire Cheese

C'est dans le quartier historique de Fleet Street que se trouve l'un de mes pubs préférés : Ye Olde Cheshire Cheese. Dissimulé dans une minuscule allée, ce pub semble tout droit sorti d'un autre temps, et ce n'est pas si étonnant quand on sait qu'il existe depuis le XVIIe siècle ! Son intérieur est ***tout en boiseries*** et les escaliers étroits, la faible lumière, tout comme la fine couche de poussière et les reliques aux murs ne font que contribuer au charme suranné des lieux. Composé de petites pièces réparties sur plusieurs niveaux, c'est un vrai labyrinthe ! En hiver, j'aime venir m'y réfugier pour lire au coin du feu.

40 **Ye Olde Cheshire Cheese.** 145 Fleet Street, EC4A 2BU. Métro : Blackfriars

Gordon's Wine Bar

En remontant Villiers Street, vous apercevrez sur votre droite un petit bar du nom de Gordon's Wine Bar. Ouvert par Angus Stafford Gordon en 1890, c'est ***le plus vieux bar à vin de la ville***. À l'intérieur, c'est comme si rien n'avait bougé depuis cette époque. Des petites salles se succèdent sous des voûtes en pierre éclairées à la bougie, des bouteilles recouvertes de poussière sont entreposées sur des étagères et de vieilles coupures de journaux tapissent les murs. L'atmosphère est hors du commun, et la carte offre un très bon choix de vins du monde entier, ainsi que des sherrys et des portos servis directement du fût.

41 **Gordon's Wine Bar.** 47 Villiers Street, WC2N 6NE. Métro : Embankment. www.gordonswinebar.com

Ye Olde Mitre

Ye Olde Mitre compte parmi les pubs les plus secrets de la ville, et il est peu probable que vous y entriez par hasard. Il vous faudra d'ailleurs garder l'œil ouvert en longeant Hatton Garden, ou vous risquez de manquer l'entrée d'Ely Court. Empruntez ce passage étroit, vous y découvrirez alors une ***ravissante taverne*** qui dispose d'une petite cour extérieure – bizarrement, malgré sa situation en plein cœur de Londres, elle se trouve officiellement sous la juridiction du comté du Cambridgeshire ! Mis à part cette particularité, on y trouve tout ce que l'on peut attendre d'un pub traditionnel : une atmosphère chaleureuse et conviviale, un choix de bières qui varie selon les saisons et des en-cas typiquement british. Si vous le pouvez, glissez-vous dans l'arrière-salle. Minuscule, elle n'accueille qu'une seule table, et c'est d'ailleurs pour cette raison qu'elle est appelée *ye closet* (le placard).

42 **Ye Olde Mitre.** 1 Ely Court, Ely Place, EC1N 6SJ. Métro : Chancery Lane. http: //yeoldemitreholburn.co.uk

The Doodle Bar

Enfant, vos parents vous interdisaient déjà de dessiner sur les murs, et plus tard, à l'école, vous vous faisiez encore gronder lorsque vous gribouilliez au stylo sur votre pupitre ? Artistes brimés, venez donc passer une soirée au Doodle Bar ! Ici, tout est permis : les murs blancs, les tables, le comptoir et même un grand tableau noir sont à votre disposition pour ***exprimer votre créativité*** en toute liberté et de toutes les couleurs ! Installé dans un ancien entrepôt industriel tout près de Battersea Park, ce bar unique en son genre dispose également d'une table de ping-pong. Des cours de dessin, des expositions et des installations artistiques y sont régulièrement organisés.

43 **The Doodle Bar.** 33 Parkgate Road, SW11 4NP. Train : Battersea Park. www.thedoodlebar.com

The Mayor of The Scaredy Cat Town

Si vous aimez les endroits insolites, vous adorerez The Mayor of The Scaredy Cat Town. Pour y pénétrer, il faudra vous présenter au restaurant The Breakfast Club situé près de Liverpool Street Station, et prononcer la formule magique suivante : *« Can I see the Mayor ? »* Vous serez alors invité à entrer dans un réfrigérateur géant, qui dissimule derrière sa lourde porte un escalier secret. Descendez les marches et vous vous retrouverez alors dans ***un bar souterrain***, entièrement éclairé à la lueur de la bougie. Les cocktails y sont excellents. La sortie, elle, se fait par un placard factice dans les toilettes. Surtout, faites comme si de rien n'était et soyez le plus discret possible… ou ce secret pourrait vite se savoir !

18 **The Mayor of The Scaredy Cat Town.** The Breakfast Club, 12-16 Artillery Lane, E1 7LS. Métro : Liverpool Street. www.themayorofscaredycattown.com

The Prospect of Whitby

Le quartier de Wapping est unique en son genre : l'architecture des anciens docks, le calme qui y règne et son atmosphère maritime lui confèrent un caractère hors du temps ! Il compte également de nombreux pubs historiques : The Grapes, Town of Ramsgate et, mon préféré, The Prospect of Whitby. Cette taverne, qui date du début du XVIe siècle, fut pendant longtemps un repaire de pirates. Son intérieur, chargé de souvenirs, évoque d'ailleurs la ***cale d'un vieux bateau***. Depuis sa terrasse, très agréable, vous pourrez profiter de jolies vues sur la Tamise. On raconte d'ailleurs que Whistler et Turner venaient y chercher l'inspiration.

(44) **The Grapes.** 76 Narrow Street, E14 8BP. DLR : Westferry. www.thegrapes.co.uk

(45) **Town of Ramsgate.** 62 Wapping High Street, E1W 2PN. Train : Wapping. www.townoframsgate.co.uk

(45) **The Prospect of Whitby.** 57 Wapping Wall, E1W 3SH. Train : Wapping. www.taylor-walker.co.uk/pub/prospect-of-whitby-wapping/c8166

Le repaire de pirates avec sa potence

The Zetter Townhouse Cocktail Lounge

L'hôtel Zetter Townhouse, installé dans une ravissante maison géorgienne de Clerkenwell, abrite un étonnant ***bar à cocktails***. Son entrée, très discrète, se fait par l'arrière-cour. Une fois passée la porte, vous vous retrouverez dans un élégant salon décoré de mobilier antique et d'objets aussi hétéroclites qu'excentriques. Peintures, animaux empaillés, horloges, lampes rétro et autres bibelots en tout genre : la pièce ressemble à un cabinet de curiosités ! Asseyez-vous dans l'un des luxueux fauteuils (près de la cheminée, par exemple) pour jeter un œil à la liste des cocktails « à l'ancienne » qui, elle non plus, ne manque pas d'originalité ! Je me suis laissé tenter par Les Fleurs du Mal, une boisson à base de vodka et de pétales de rose. Et vous, que choisirez-vous ?

46 **The Zetter Townhouse.** 49-50 St John's Square, EC1V 4JJ. Métro : Farringdon. www.thezettertownhouse.com

The Paradise

Paradise by Way of Kensal Green : voilà un nom bien poétique, justement emprunté aux vers de G. K. Chesterton. Derrière ses allures de manoir, ce pub découvre un intérieur surprenant. Au rez-de-chaussée, vous trouverez la bibliothèque, la salle à manger et le grand salon qui sert de bar. Des fauteuils et banquettes de style Louis XIV, des lustres somptueux et de lourds rideaux aux motifs floraux créent une ***atmosphère très élégante***. Des cages à oiseaux, des urnes de fleurs, des icônes religieuses et une imposante sculpture d'ange complètent ce tableau merveilleusement surréaliste. Pensez à monter au premier étage, où d'autres surprises vous attendent ! Entre autres : une terrasse et une salle de concert qui accueille des groupes et DJ le week-end venu.

9 **Paradise by Way of Kensal Green.** 19 Kilburn Lane, W10 4AE. Métro : Queen's Park / Train : Kensal Green. www.theparadise.co.uk

The Zetter Townhouse : élégant et chaleureux

The George Inn

The George Inn vaut le détour, ne serait-ce que pour son architecture. Classé monument historique et placé sous la protection du National Trust, c'est la seule ***auberge traditionnelle*** de ce type qui existe encore à Londres (elles étaient nombreuses autrefois à accueillir les attelages et les voyageurs en route vers le sud-est). Magnifiquement préservée depuis le XVIIe siècle, on ne peut qu'admirer ses galeries de bois, peintes en blanc et joliment décorées de fleurs. L'intérieur ne manque pas de caractère non plus, avec ses poutres apparentes, ses cheminées et ses nombreux petits recoins. William Shakespeare, dont le théâtre n'était pas loin, et Charles Dickens comptaient parmi ses habitués. En été, sa cour est particulièrement agréable pour prendre un verre.

14 **The George Inn.** 75-77 Borough High Street, SE1 1NH. Métro : London Bridge. www.nationaltrust.org.uk/george-inn

Bourne & Hollingsworth

Mais, que cache cette fausse devanture de magasin à l'angle de Rathbone Place et Percy Street ? Un bar, et pas n'importe lequel ! Descendez les escaliers qui mènent au sous-sol et poussez la porte de chez Bourne & Hollingsworth. La pièce, toute petite mais accueillante, offre un décor des plus désuets : papier peint floral, vieux cadres accrochés aux murs, lampes rétro, tables et chaises dépareillées, nappes en tissu vintage. L'endroit est ***kitsch à souhait***, et les cocktails, délicieusement servis dans des tasses (à thé !) en porcelaine, sont accompagnés de petites gâteries salées ou sucrées ! En soirée, un DJ vient mixer des tubes d'hier et d'aujourd'hui, et des événements à thèmes sont organisés de temps à autre.

30 **Bourne & Hollingsworth.** 28 Rathbone Place, W1T 1JF. Métro : Goodge Street. www.bourneandhollingsworth.com

The Jerusalem Tavern

La brasserie St Peter's produit d'excellentes bières et, la bonne nouvelle, c'est que vous n'aurez pas besoin de vous déplacer jusque dans le Suffolk pour les goûter. Il vous suffira de vous rendre à Farringdon et plus précisément à The Jerusalem Tavern. Si l'endroit n'est pas très grand, l'ambiance y est ***conviviale*** : il est facile d'engager la conversation avec des inconnus dont vous partagerez la table. Côté comptoir, la maison offre un large choix qui enchantera notamment les amateurs d'ales. En plus des bières traditionnelles (Pales Ales, Bitters, Porters, Stouts), elle propose une sélection de bières « spéciales » au fil des saisons. Osez les variétés fruitées, aux arômes originaux de miel ou de pamplemousse : vous m'en direz des nouvelles !

46 **The Jerusalem Tavern.** 55 Britton Street, EC1M 5UQ. Métro : Farringdon. www.stpetersbrewery.co.uk

Pousserez-vous la porte?

The American Bar

Niché à l'intérieur du Stafford Hotel, The American Bar est un endroit ***confidentiel et huppé***, principalement fréquenté par les résidents de l'établissement et les habitués du quartier. Sa salle, élégante et feutrée, évoque l'atmosphère d'un club privé. Les murs sont richement décorés de photos dédicacées, casquettes de base-ball, reliques de la Seconde Guerre mondiale et autres curiosités en tout genre laissées par les clients lors de leur séjour à l'hôtel. Vous pourrez passer des heures à les observer et découvrir leurs histoires fascinantes en savourant votre Dry Martini. Si vous aimez fumer le cigare, la terrasse est à votre disposition.

28 **The American Bar.** The Stafford London, 16-18 St James's Place, SW1A 1NJ. Métro : Green Park. www.kempinski.com/en/london

Faltering Fullback

Il fait beau et vous avez prévu de rejoindre des amis dans un pub, mais vous n'avez pas envie de vous enfermer ? La solution : trouver un bar qui dispose d'un *beer garden*. Il n'en manque pas à Londres, mais ils sont souvent bien cachés. Le Faltering Fullback compte sans aucun doute parmi les plus originaux. Sa terrasse, aménagée sur plusieurs niveaux, offre de nombreux recoins. Avec son décor tout en bois et sa végétation luxuriante, on se croirait dans ***une cabane perchée*** au milieu des arbres ! Un endroit agréable et charmant, parfait pour les longues soirées d'été.

47 **Faltering Fullback.** 19 Perth Road, Finsbury Park, N4 3HB. Métro : Finsbury Park. http://thefullback.co.uk

The Old Brewery

Vous venez de passer la journée à explorer Greenwich et vous souhaitez étancher votre soif après tant de découvertes ? Arrêtez-vous à The Old Brewery, situé dans l'enceinte de l'ancien ***Royal Naval College***, et commandez une Meantime : cette bière est excellente et brassée localement !

23 **The Old Brewery.** The Pepys Building, Old Royal Naval College, SE10 9LW. DLR : Cutty Sark.

The Old Brewery : un pied dans la Marine !

Le Londres gourmand d'Anika

Anika est une vraie Londonienne ! Si elle aime passer son temps derrière les fourneaux, elle aime surtout faire le tour des restaurants, salons de thé et autres destinations gourmandes de la capitale. Sa passion pour la cuisine, Anika en a aussi fait son métier : elle est organisatrice de séjours gastronomiques !

Comment décrirais-tu la scène gastronomique londonienne ?
On trouve à Londres, comme dans beaucoup de grandes villes, une importante diversité culinaire. Mais si je devais définir la scène gastronomique londonienne en seulement deux mots, je dirais fun et innovante.

Quelles sont les dernières tendances ?
Au cours des dernières années, les *supper clubs* (restaurants clandestins) ainsi que les *pop-up restaurants* (restaurants éphémères) ont eu particulièrement le vent en poupe et restent aujourd'hui encore très à la mode. Mais il semblerait que la grande tendance du moment soit la cuisine fusion ! Parmi les établissements à avoir ouvert récemment qui surfent sur cette vague, Sushi Samba, situé aux 38e et 39e étages de la Heron Tower (allez-y, ne serait-ce que pour la vue !), propose un mélange d'inspirations japonaises, brésiliennes et péruviennes. Au menu, donc, des saveurs originales et des expériences nouvelles !

Ton expérience gustative la plus mémorable ?
Tout dépend de ce que l'on entend par mémorable ! Le meilleur repas de ma vie, je dirai que c'était chez Pearl, à l'époque où le chef Jun Tanaka était en cuisine. Le plus surprenant, et donc dans un sens certainement le plus mémorable aussi, chez Archipelago, lorsque l'on m'a servi en dessert un scorpion recouvert de chocolat !

As-tu des endroits à recommander pour les papilles en manque d'exotisme ?
Si, comme moi, vous aimez la cuisine indienne et souhaitez essayer quelque chose d'un peu différent, allez manger chez Roti Chai où vous pourrez goûter à la traditionnelle *street food*.

Et pour ceux qui préféreraient goûter aux spécialités british ?
Le Golden Hind à Marylebone sert les meilleurs *fish & chips* de la ville ! Vous pouvez aussi essayer les gastro-pubs, qui offrent généralement à la carte la plupart des spécialités britanniques, dont le

classique et copieux *Cumberland sausages & mash* (saucisses de Cumberland servies avec de la purée et arrosées de *gravy*) !

Un restaurant pour une occasion spéciale ?

Dinner by Heston Blumenthal, au Mandarin Oriental (un hôtel cinq étoiles près de Hyde Park).

L'endroit le plus insolite de Londres ?

Supperclub. C'est à la fois un club, un restaurant et une salle de spectacles. On y mange une cuisine gastronomique, servie façon « *take-away* », allongé sur d'immenses lits dans une salle dont les murs sont entièrement blancs ! C'est une expérience plutôt hors du commun !

Ta dernière découverte gourmande ?

Honey & Co, un restaurant minuscule près de Great Portland Street qui propose une cuisine authentique du Moyen-Orient à tomber !

Le meilleur endroit pour faire ses courses avant de préparer un bon dîner ?

Sans hésitation, Borough Market. On y trouve des produits de toutes sortes et de première qualité, c'est un véritable paradis pour les gourmets ! C'est aussi un endroit agréable pour chercher l'inspiration, flâner ou simplement s'arrêter manger un morceau !

Un chef qui t'inspire ?

J'aime beaucoup Nigel Slater. Il est quelque peu excentrique, mais je le trouve très attachant, et ses recettes sont aussi délicieuses que simples à réaliser.

Les adresses coup de cœur d'Anika

- **Sushi Samba**
  110 Bishopsgate, EC2N 4AY
  Métro : Liverpool Street
  http://sushisamba.com
- **Supperclub**
  12 Acklam Road, W10 5QZ
  Métros : Westbourne Park/ Ladbroke Grove
  www.supperclub.com
- **Golden Hind**
  73 Marylebone Lane
  W1U 2PN
  Métro : Bond Street
- **Dinner by Heston Blumenthal**
  66 Knightsbridge,
  SW1X 7LA
  Métro : Knightsbridge
  www.dinnerbyheston.com
- **Roti Chai**
  3 Portman Mews South
  W1H 6HS
  Métro : Marble Arch
  www.rotichai.com
- **Honey & Co**
  25a Warren Street, W1T 5LZ
  Métros : Great Portland Street/Warren Street
  www.honeyandco.co.uk

AU CALME DANS LA VILLE

Si la vie à Londres est souvent trépidante, la ville offre également à ceux qui souhaitent s'en échapper de nombreux petits « coins de paradis ». De ses jardins cachés à ses cimetières, véritables oasis de verdure et de paix, en passant par ses églises et temples merveilleux, laissez-moi vous dévoiler un autre Londres, paisible et de toute beauté.

Jardins à l'anglaise

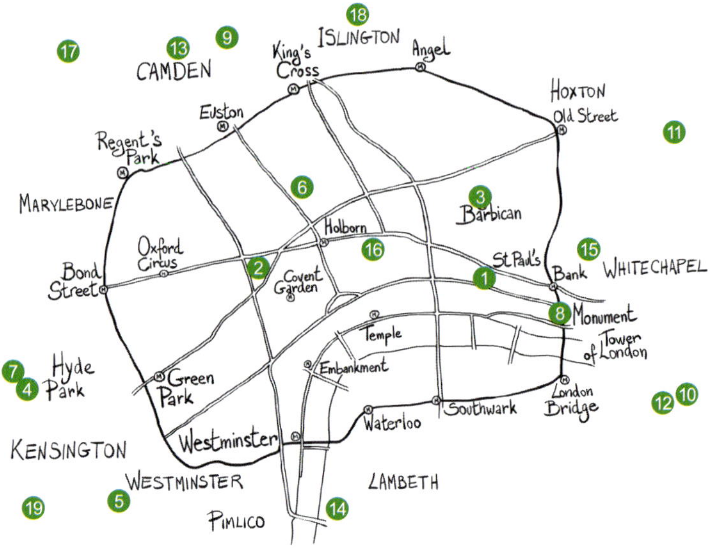

Postman's Park

Postman's Park, discrètement niché au cœur de la cité de Londres, tient son nom du fait qu'il était autrefois un refuge très apprécié du personnel de la Poste centrale, qui venait s'y relaxer à l'heure du déjeuner. Aujourd'hui encore, il est très fréquenté le midi par les employés des nombreuses banques et multinationales situées aux alentours. Si vous le visitez, vous apercevrez au fond du parc une petite galerie couverte. Elle abrite une quarantaine de plaques murales en ***céramiques peintes à la main***, chacune d'elles semblable à une œuvre d'art. Commissionnées par le peintre et philanthrope George Watts, elles commémorent des personnes qui ont perdu la vie en tentant de sauver celle des autres. Des héros ordinaires, dont les portraits sont aussi fascinants qu'émouvants.

1 **Postman's Park.** King Edward Street, EC1A 1HQ. Métro : St Paul's. www.cityoflondon.gov.uk/things-to-do/green-spaces/city-gardens

Phoenix Garden

Vous cherchez un endroit pour décompresser après une session shopping sur Oxford Street ? Je crois que j'ai ce qu'il vous faut ! À seulement quelques minutes de marche de la station Tottenham Court Road se trouve un jardin extraordinaire. Entretenu par des bénévoles du quartier sous la houlette du jardinier en chef Chris Raeburn, Phoenix Garden ressemble à un ***petit coin paradis***. Privé, mais ouvert à tous, venez y faire une halte le temps de vous ressourcer. Assis sur l'un de ses bancs, vous pourrez contempler les environs : une brouette remplie de fleurs, des oiseaux perchés sur une mangeoire et un couple d'amoureux allongé dans l'herbe forment un tableau enchanteur. Avec ses recoins discrets, vous vous sentirez bien loin de la capitale !

2 **Phoenix Garden.** 21 Stacey Street, WC2H 8DG. Métro : Tottenham Court Road. www.thephoenixgarden.org

Barbican Conservatory

L'architecture du Barbican Centre est déroutante et il est facile de se perdre dans ses allées labyrinthiques. Pour trouver le chemin du Barbican Conservatory & Garden Room, il vous faudra emprunter l'ascenseur jusqu'au troisième étage, prendre sur votre droite en sortant, puis traverser la cour intérieure. Une fois passées les portes de cette serre géante, ce sont plus de 2 000 espèces d'arbres et de plantes exotiques qui vous attendent ! Une véritable ***jungle tropicale***, dans laquelle une faune tout aussi variée évolue : tortues, oiseaux et poissons exotiques… C'est l'endroit parfait où venir se réfugier pendant les longs mois d'hiver. Seul bémol, le jardin est ouvert au public uniquement le dimanche.

3 **Barbican Conservatory & Garden Room.** Barbican Centre, Silk Street, EC2Y 8DS. Métro : Barbican. www.barbican.org.uk/visitor-information/conservatory

The Roof Gardens

Siroter un cocktail en compagnie de flamants roses sur ***une terrasse à trente mètres de haut***, vous trouvez ça extravagant ou ça vous fait rêver ? Si l'expérience vous tente, rendez-vous dans le très chic quartier de Kensington. Plantés dans les années 1930 sur le toit du grand magasin Derry & Toms, The Roof Gardens s'étendent sur une surface de 6 000 m^2 et offrent une vue impressionnante sur la ville ! Imaginés par Ralph Hancock – le paysagiste à l'origine des jardins du Rockefeller Center à New York – et inspirés des mythiques jardins suspendus de Babylone, ils se déclinent autour de trois thèmes : Espagne, Angleterre et Tudor. Ils comprennent des variétés d'arbres et de fleurs incroyables, des fontaines, des arches mauresques qui évoquent l'Alhambra, et même un étang où nichent Bill, Ben, Splosh et Pecks… les fameux flamants roses dont je vous ai parlé, vous n'avez tout de même pas déjà oublié ?

❹ **The Roof Gardens.** 99 Kensington High Street (entrée sur Derry Street), W8 5SA. Métro : High Street Kensington. www.roofgardens.virgin.com

The Roof Gardens

le jardin botanique de Chelsea

Si vous vous rendez du côté de Chelsea, ne passez pas à côté du Chelsea Physic Garden. Ce jardin botanique, le plus ancien de la capitale, propose une introduction fascinante aux différents types de plantes et leurs multiples utilisations. Plantes médicinales, plantes à parfum, plantes textiles, plantes aromatiques et plantes sauvages comestibles, vous découvrirez tout du ***monde végétal*** et de ses secrets. Installé sur les bords de la Tamise en 1673 afin d'initier les apprentis apothicaires, il est aujourd'hui mondialement reconnu pour la richesse de ses collections, parmi lesquelles se trouvent des espèces rares et anciennes dont je vous mets au défi de prononcer les noms ! Un jardin très agréable, qui se prête volontiers à la flânerie…

5 **Chelsea Physic Garden.** Swan Walk, SW3 4HS. Métro : Sloane Square. www.chelseaphysicgarden.co.uk

le jardin d'enfants de Coram's Fields

Le foundling Hospital, fondé en 1739 par Thomas Coram, servait de refuge aux enfants abandonnés. Son siège était installé à Bloomsbury, une zone résidentielle du centre, avant que celui-ci ne déménage en dehors de Londres dans les années 1920. À sa fermeture, le site fut reconverti en parc public, conformément à la volonté des habitants du quartier. Aujourd'hui, Coram's Fields poursuit sa vocation première et continue d'accueillir les enfants. Le parc leur est en effet strictement réservé et, comme l'indique un panneau à l'entrée, seuls les adultes accompagnés d'un enfant y seront admis ! Il comprend des ***aires de jeux***, des terrains de sport, une pataugeoire et une toute petite ferme. Il y a même un café qui sert de délicieuses pâtisseries autrichiennes. Les enfants seront ravis, les mamans aussi.

6 **Coram's Fields.** 93 Guilford Street, WC1N 1DN. Métro : Russell Square. www.coramsfields.org

Kyoto Garden à Holland Park

E*nvie d'évasion et de sérénité* ? Partez pour Holland Park et dirigez-vous du côté de son jardin japonais. Offert par la chambre de commerce de Kyoto en 1991 à l'occasion du Festival du Japon, le Kyoto Garden est l'endroit idéal pour se retrouver, souffler, et se dépayser. On y retrouve tous les éléments propres à l'esthétique japonaise : une cascade, des rochers, des arbustes à fleurs, un bassin avec des carpes koï, des pas japonais et même des paons qui se pavanent et font la roue sous le regard amusé des passants. Un lieu inattendu en plein cœur de Londres et dans lequel on se sent comme dans une bulle, zen !

7 **Kyoto Garden, Holland Park.** 100 Holland Park Avenue, W11 4UA. Métro : Holland Park. www.rbkc.gov.uk/leisureandlibraries/parksandgardens.aspx

St Dunstan-in-the-East

Au détour d'une petite ruelle de la City se trouve l'un des secrets les mieux gardés de Londres : St Dunstan-in-the-East. Cette église fut bâtie au XIIe siècle, et son passé est chargé d'histoire. Détruite à plusieurs reprises, il n'en reste, au lendemain de la Seconde Guerre mondiale, que les murs et le clocher. En 1967, la municipalité de Londres a la bonne idée d'aménager le lieu en jardin public : des fleurs et arbustes sont plantés le long des ***ruines*** et une fontaine prend place au centre de l'ancienne nef. Aujourd'hui, le lierre et autres plantes grimpantes ont complètement recouvert les vestiges de ce chef-d'œuvre d'architecture gothique et offrent aux visiteurs un spectacle grandiose qui se renouvelle au fil des saisons. L'atmosphère y est mystique et paisible, particulièrement le week-end, lorsque le quartier est désert.

8 **St Dunstan-in-the-East.** St Dunstan's Hill, EC3R 8DX. Métro : Monument. www.cityoflondon.gov.uk/things-to-do/green-spaces/city-gardens/visitor-information (Where to visit)

La sérénité de Kyoto Garden

Highgate Wood

Highgate Wood, au nord de la ville, s'étend sur ving-huit hectares : un véritable ***refuge de verdure***. Jadis, ce bois faisait partie de la forêt de Middlesex qui couvrait presque toute la ville et, au Moyen Âge, il appartenait à l'évêque de Londres, qui venait y chasser le cerf. C'est un endroit calme dans lequel j'aime à me promener, surtout en automne, lorsque les feuilles des chênes et des charmes se colorent de jaune, d'orange et de rouge ! Les écureuils, les oiseaux et les renards semblent être les seuls habitants des lieux. Humez, écoutez, observez… et savourez cet instant de bonheur ! Vous en oubliez presque que vous êtes à Londres !

9 **Highgate Wood.** Muswell Hill Road, N10 3JN. Métro : Highgate. www.cityoflondon.gov.uk/things-to-do/green-spaces/highgate-wood

la ferme urbaine de Mudchute

La campagne à 20 minutes du centre de Londres, c'est possible ? Oui, à Mudchute Park & Farm, une des plus grandes fermes urbaines d'Europe qui compte plus de deux cents animaux dont des chèvres, des cochons, des chevaux, des canards et même un lama ! Les Londoniens en manque de nature viennent y ***respirer le grand air*** et s'y ressourcer le temps d'un après-midi. Une grande prairie, dans laquelle des moutons paissent en toute liberté aux milieux des pique-niqueurs, offre une vue imprenable sur les gratte-ciel du quartier de Canary Wharf. Le contraste est saisissant ! Amenez les enfants, ils ne seront pas déçus !

10 **Mudchute Park & Farm.** Pier Street, Isle of Dogs, E14 3HP. DLR : Crossharbour. www.mudchute.org

Il existe d'autres fermes urbaines dans la ville, voici mes préférées :

11 **Hackney City Farm.** La Goldsmith's Row, E2 8QA. Train : Cambridge Heath

12 **Surrey Docks City Farm.** South Wharf, Rotherhithe Street, SE16 5ET. Métro : Canada Water

13 **Kentish Town City Farm.** 1 Cressfield Close, NW5 4BN. Métro : Kentish Town

14 **Vauxhall City Farm.** 165 Tyers Street, SE11 5HS. Métro : Vauxhall

15 **Spitalfields City Farm.** Weaver Street, E1 5HJ. Métro : Whitechapel

Lincoln's Inn

Les Inns of Court sont des institutions prestigieuses destinées à la formation des avocats du barreau anglais. Il en existe quatre à Londres, toutes situées dans le quartier de Holborn, à proximité de la Cour royale de justice. Lincoln's Inn, la plus ancienne, date du début du XVe siècle. Son ensemble de cours, ses passages et son magnifique porche de style Tudor rappellent les collèges des universités de Cambridge et d'Oxford. Elle comprend six magnifiques jardins qu'il est possible de visiter en semaine, entre 7 heures et 19 heures. Il y règne un calme rare et appréciable, et les ***pelouses d'un vert éclatant*** sont toujours parfaitement entretenues. Profitez-en pour explorer la chapelle et l'ancien hall qui valent à eux seuls le déplacement.

16 **Lincoln's Inn.** Newman's Row, WC2A 3TL. Métro : Chancery Lane. www.lincolnsinn.org.uk

Le calme des jardins de Lincoln's Inn

Hampstead Heath

Difficile d'imaginer qu'il existe au cœur de la capitale londonienne un ***parc merveilleusement sauvage*** de près de trois cent vingt hectares, alternant prairies ondulantes, vastes forêts et étangs où la baignade et la pêche sont possibles ! Pourtant, The Heath, comme l'ont surnommé les Londoniens, est un secret bien connu des amoureux de la nature et un véritable paradis pour les promeneurs, les chiens, les coureurs et les cyclistes ! Parliament Hill, le point le plus haut du parc, culmine à près de cent mètres et offre un joli panorama sur la ville.

17 **Hampstead Heath.** Parliament Hill, NW3 2TB. Train : Hampstead Heath

Parkland Walk

Selon vous, quel est le meilleur moyen de se rendre à Highgate, en partant de Finsbury Park ? Si vous avez répondu « prendre la Victoria line en direction de Brixton, puis changez à Euston pour la Northern line », vous avez tout faux ! Prenez plutôt par Parkland Walk, une ***promenade aménagée*** le long d'une ancienne voie de chemin de fer. L'entrée, un peu difficile à trouver, se fait par Finsbury Park – vous emprunterez une petite passerelle derrière le café, puis tournerez à droite. Longue de cinq kilomètres, c'est la réserve naturelle la plus étendue de la ville. Le long du sentier, des panneaux d'information vous renseigneront sur la nature environnante et les animaux que vous aurez peut-être la chance de rencontrer : hérissons, renards, papillons et, plus rarement, des cerfs aboyeurs !

18 **Parkland Walk.** Départ de la promenade : Finsbury Park, Seven Sisters Road, N4 2DH. Métro : Finsbury Park. www.parkland-walk.org.uk

Richmond Park

À Richmond, vous pourrez vous promener – à pied, à vélo ou à dos de cheval ! – au milieu de cerfs et de biches qui paissent en liberté, dans ce qui était autrefois la ***réserve de chasse*** du roi ! Près de l'étang, vous trouverez Isabella Plantation : une oasis aux mille couleurs, où vous pourrez humer le délicat parfum de nombreuses plantes exotiques et vous abandonner au milieu des allées de rhododendrons et d'azalées.

19 **Richmond Park.** Richmond Hill, Surrey, TW10 5HS. Métro/Train : Richmond

Les cerfs de Richmond Park

Lieux (de) cultes

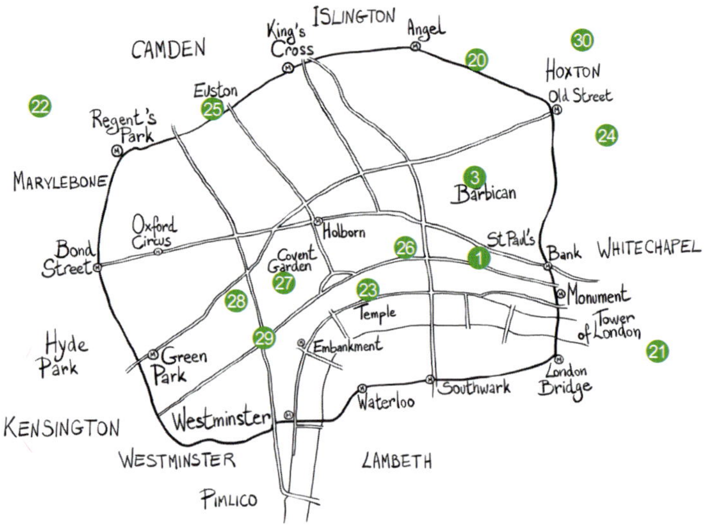

les toilettes de la Wesley's Chapel

Vous êtes dans le quartier d'Old Street et une envie pressante se fait sentir ? Faufilez-vous discrètement au sous-sol de la Wesley's Chapel. Les toilettes, toujours en service, datent de l'époque victorienne et sont signées des ingénieurs Thomas Crapper et George Jennings – c'est à ce dernier que l'on doit l'invention des toilettes publiques et l'expression anglaise *« to spend a penny »* ! Admirez les ***urinoirs en marbre***, les cabinets en cèdre et les chasses d'eau, nouvelles à l'époque, qui affichent les instructions d'emploi : « Tirez et laissez aller » ! N'hésitez pas non plus à faire un tour de l'édifice, qui abrite dans sa crypte un petit musée retraçant l'histoire du méthodisme.

20 **Wesley's Chapel.** 49 City Road, EC1Y 1AU. Métro : Old Street.
www.wesleyschapel.org.uk

St Peter's Barge

Dans le quartier des Docklands, St Peter a ouvert ses portes pour permettre aux employés des tours de Canary Wharf (le second centre d'affaires de la ville) de venir se recueillir à l'heure du déjeuner. Son originalité ? C'est l'unique ***église flottante*** de Londres ! La péniche, autrefois utilisée pour le transport de marchandises, a été entièrement réaménagée et son intérieur, étonnamment spacieux et plutôt lumineux, contraste avec les églises traditionnelles. Un véritable atout, selon le révérend qui espère que le lieu de culte atypique attirera de nouveaux fidèles.

21 **St Peter's Barge.** West India Quay, 26 Hertsmere Road, E14 4AL. DLR : West India Quay. www.stpetersbarge.org

le temple hindou de Neasden

Vous ne me croirez sûrement pas si je vous dis qu'il suffit de prendre le métro pour vous retrouver en Asie. Pourtant, si vous empruntez la Jubilee Line en direction de Stanmore et que vous vous arrêtez à Neasden, vous tomberez nez à nez avec le plus grand temple hindou d'Europe ! Spectaculaire, l'édifice fut construit en seulement trois ans selon les principes du Shilpa Shastra, un ancien traité d'architecture hindouiste. Admirez les ***motifs élaborés sculptés dans la pierre*** – un véritable ouvrage d'art ! –, puis déposez vos chaussures à l'entrée pour pénétrer dans le mandir. L'intérieur, qui contraste radicalement avec l'extérieur, est tout aussi époustouflant ! Les divinités sont habillées d'étoffes chatoyantes et décorées de fleurs ; pendant les fêtes de Diwali, les fidèles viennent déposer à leur pied des montagnes d'offrandes.

22 **BAPS Shri Swaminarayan Mandir (Neasden Temple).** 105-119 Brentfield Road, NW10 8LD. Métro : Neasden. www.mandir.org

Temple Church

Fan du *Da Vinci Code* ? Suivez les traces du professeur Langdon et tentez de percer les mystères de Temple Church. Édifiée au cours du XIIe siècle sur les vestiges d'une église romane, elle devient le ***quartier général des Templiers***, un ordre religieux et militaire établit pendant les croisades pour protéger les pèlerins en route vers la Terre sacrée. La nef circulaire, bâtie sur le modèle du Saint-Sépulcre de Jérusalem, abrite les gisants de dix chevaliers en armure complète, avec épée et bouclier, comme décrits dans le roman de Dan Brown. Jetez également un œil aux murs de la rotonde et à ses sculptures grotesques, puis, si vous avez le temps, poursuivez vos recherches dans les passages et les cours de Temple Inn. Les jardins, mais aussi le réfectoire et la bibliothèque, méritent eux aussi le détour.

(23) **Temple Church.** Inner Temple Lane, EC4Y 7BB. Métro : Temple.
www.templechurch.com

Invisible depuis la rue, il vous faudra emprunter une porte située au 17 Fleet Street, qui permet l'accès à Temple Inn, l'un des quatre Inns of Courts (établissements de formation pour les avocats du barreau) de la ville. Une fois à l'intérieur, un plan vous permettra de repérer l'emplacement de l'église. Le week-end, cette porte est fermée et vous devrez passer par Tudor Street.

la mosquée de Brick Lane

Si comme moi vous aimez la cuisine indienne et que vous avez testé presque tous les restaurants de Brick Lane, vous avez sûrement dû remarquer sa mosquée, dont le minaret s'allume et change de couleur pendant la nuit. L'édifice, situé à l'angle de Fournier Street, est l'un des symboles forts du ***multiculturalisme*** et de l'histoire du quartier. Inscrit au cœur de l'histoire des communautés d'immigrés qui s'y sont succédé depuis le début du XVIIIe siècle, le bâtiment fut tour à tour

Les gisants de Temple Church

une église protestante, une chapelle méthodiste et une synagogue avant de devenir un lieu de rassemblement pour les musulmans.

24 **Brick Lane Jamme Masjid.** 59 Brick Lane, E1 6QL. Métro : Aldgate East. www.bricklanejammemasjid.co.uk

la crypte de St Pancras

La crypte de St Pancras Church a été utilisée comme lieu d'inhumation entre 1822 et 1854, puis comme abri anti-aérien pendant les Première et Seconde Guerres mondiales. Aujourd'hui, elle est devenue l'un des lieux d'exposition les plus étranges, mais aussi l'un des plus intéressants de la ville. Une imposante et mystérieuse porte rouge, située sous les caryatides à l'est de l'édifice, donne accès à un ***labyrinthe de couloirs*** et d'alcôves intimes. Mis à part les bruits de pas et les murmures des visiteurs, le silence est absolu et propice à la contemplation des œuvres exposées. Un espace unique, sans cesse réinventé par les artistes qui s'y succèdent tout au long de l'année.

25 **The Crypt Gallery, St Pancras Church.** Euston Road (l'entrée se fait par Duke's Road), NW1 2BA. Métro : Euston. www.cryptgallery.org.uk

Les alcôves de la crypte de St Pancras

Christ Church Spitalfields

Face à la baisse de fréquentation des églises anglicanes et à la prolifération de lieux de culte non-conformistes, au début du XVIIe siècle, la reine Anne avait ordonné la construction de cinquante nouvelles églises. Au final, seulement douze d'entre elles virent le jour, dont six bâties par Nicholas Hawksmoor, disciple de Christopher Wren. Christ Church, érigée entre 1714 et 1729, est l'un de ses édifices les plus remarquables. J'ai été d'emblée frappée par sa taille, « ***cathédralesque*** », et sa flèche pyramidale qui allie l'élégance baroque à des détails classiques. Son architecture géométrique ne laisse pas indifférent, et certains y virent même des symboles occultes qui auraient attiré les forces du mal dans le quartier de Spitalfields.

24 **Christ Church Spitalfields.** Commercial Street, E1 6LY. Métro : Aldgate East. www.spitalfieldsvenue.org

St Bride's Church

Située à deux pas de Fleet Street, St Bride est considérée comme l'une des plus belles églises de Christopher Wren. L'élément architectural le plus remarquable de l'édifice ? Sans nul doute la flèche de son clocher, à la forme si particulière. Constituée de plusieurs niveaux, elle aurait inspiré à sir Thomas Rich, un jeune apprenti boulanger, la création du célèbre gâteau de mariage : la ***pièce montée***. Tombé amoureux de la fille de son patron, celui-ci avait décidé de réaliser une pâtisserie incroyable qui marquerait à jamais le plus beau jour de leur vie. Descendez dans la crypte où vous pourrez découvrir l'histoire fascinante du quartier, longtemps associé au développement de l'imprimerie et de la presse, et qui valut à St Bride son surnom d'église des journalistes.

26 **St Bride's Church.** Fleet Street, EC4Y 8AU. Métro : St Paul's. www.stbrides.com

St Bartholomew-the-Great

La première fois que j'ai visité St Bartholomew-the-Great, c'était à la mi-décembre, lorsque les ruelles du quartier historique de Smithfield, merveilleusement sombres et inquiétantes, donnent l'impression de se trouver dans le Londres d'antan. Cette petite église, dissimulée au fond d'une cour avec jardin et à laquelle on accède par un porche normand, m'a tout de suite charmée. Édifiée en 1123, c'est ***la plus ancienne de la capitale*** ! Son architecture intérieure romane est splendide, et une atmosphère magique semble se dégager du lieu. Elle a d'ailleurs servi de décor à de nombreux films dont *Quatre Mariages et un enterrement* et *Shakespeare in love*. Arrêtez-vous absolument au café ; après tout, ce n'est pas tous les jours que vous aurez l'occasion de prendre votre repas dans un cloître du XVe siècle !

3 **St Bartholomew-the-Great.** Cloth Fair, West Smithfield, EC1A 9DS. Métro : Barbican. www.greatstbarts.com

soirée théâtre à l'église St Paul

Le West End, vous le savez sans doute, regorge de cinémas, théâtres, et lieux de divertissement en tout genre. Parmi ses salles de spectacle, la moins connue et la plus atypique est probablement l'église St Paul, qui accueille, en dehors des offices religieux, des pièces de théâtre, des concerts et des soirées cabaret. De par son emplacement proche du théâtre royal de Drury Lane et du théâtre de Covent Garden (aujourd'hui devenu la Royal Opera House), elle gagna rapidement le surnom de *« The Actors' Church »* (***l'église des acteurs***) et devint un lieu de commémoration pour les gens de la profession. Parmi les nombreuses plaques, vous reconnaîtrez peut-être les noms de Charlie Chaplin ou encore Vivien Leigh.

27 **St Paul's Church, Covent Garden**. Bedford Street, WC2E 9ED. Métro : Covent Garden. www.actorschurch.org

les fresques de Notre Dame de France

À Londres, on ne trouve pas forcément ce que l'on cherche à l'endroit où on aurait l'idée de le chercher. Ainsi, pour admirer de superbes fresques de ***Jean Cocteau***, ce n'est ni dans une galerie ni dans un musée que vous devrez vous rendre, mais à l'église Notre Dame de France ! L'édifice ayant été sévèrement endommagé par une bombe pendant la Seconde Guerre mondiale, le conseiller culturel français demanda à l'artiste d'ajouter sa touche personnelle aux travaux de reconstruction. Harcelé par les journalistes et la foule, celui-ci se serait enfermé dans l'église et aurait réalisé son œuvre en tout juste une semaine. Un coup de pinceau maîtrisé et quelques touches de couleur subtiles qui font revivre les scènes de l'Annonciation, de la Crucifixion et de l'Assomption.

28 **Notre Dame de France.** 5 Leicester Place, WC2H 7BX. Métro : Leicester Square. www.ndfchurch.org

l'académie de St Martin-in-the-Fields

Si vous aimez la ***musique classique***, l'église St Martin-in-the-Fields devrait vous plaire : les œuvres de Bach, Mozart et Vivaldi y sont régulièrement jouées. C'est aussi là, à la fin des années 1950, que Neville Marriner, violoniste et chef d'orchestre britannique, donna ses premiers concerts avec la très célèbre académie de St Martin-in-the-Fields – l'orchestre de chambre s'y produit encore régulièrement. En soirée, l'atmosphère est d'autant plus divine que les représentations se font à la lueur des bougies ! Pendant l'entracte, descendez dans la crypte. Cette magnifique salle voûtée, qui mérite le coup d'œil, compte parmi les trésors souterrains de la ville. Elle abrite, entre autres, un café où vous pourrez prendre un verre ou vous restaurer.

29 **St Martin-in-the-Fields.** Trafalgar Square, WC2N 4JJ. Métro : Charing Cross. www.smitf.org

Trinity Dalston

Une ***église remplie de clowns***, voici l'étrange vision à laquelle j'ai eu l'occasion d'assister à la Sainte-Trinité de Dalston. Ne vous inquiétez pas, le nez rouge, le maquillage burlesque et les vêtements bariolés ne font pas partie du code vestimentaire quotidiennement exigé dans cette église de l'est londonien, ils appartiennent seulement à une tradition locale un peu particulière. Le premier dimanche du mois de février, depuis près de 70 ans, les admirateurs du plus célèbre des farceurs britanniques, j'ai nommé le grand Joseph Grimaldi, se rassemblent pour lui rendre hommage et célébrer la mémoire des autres « Joey » décédés dans l'année. Après le service, place au spectacle dans la salle paroissiale où les mimes, farces et autres gags s'enchaînent sous les applaudissements des petits et des grands. Une cérémonie haute en couleur, à voir absolument !

30 **Holy Trinity Church in Dalston.** Beechwood Road, E8 4EZ. Train : Haggerston

Si vous passez par Islington, allez aussi vous amuser sur sa tombe musicale : Joseph Grimaldi Park. 154a Pentonville Road, N1 9PE. Métro : King's Cross St Pancras

le triforium de la cathédrale St Paul

St Paul's Cathedral est loin d'être un secret, et pourtant certaines parties de l'édifice sont peu connues du public. Parmi elles, le triforium, une ***galerie cachée*** qui court entre les murs intérieurs et extérieurs de l'édifice. Accessible uniquement en visite guidée, elle dissimule de nombreux trésors, dont une bibliothèque contenant des manuscrits vieux de plus de 300 ans et l'impressionnante maquette de la cathédrale réalisée en 1673 sur les plans de Christopher Wren : mesurant près de quatre mètres de haut et six mètres de long, elle permettait au roi de s'asseoir à l'intérieur afin qu'il puisse juger si l'édifice était à son goût et méritait d'être construit ! En bonus, lors de votre visite, vous pourrez également contempler l'escalier suspendu qui servit de décor au troisième volet de *Harry Potter* et profiter de vues plongeantes sur la nef.

1 **St Paul's Cathedral, triforium.** St Paul's Churchyard, EC4M 8AD.
Métro : St Paul's. www.stpauls.co.uk

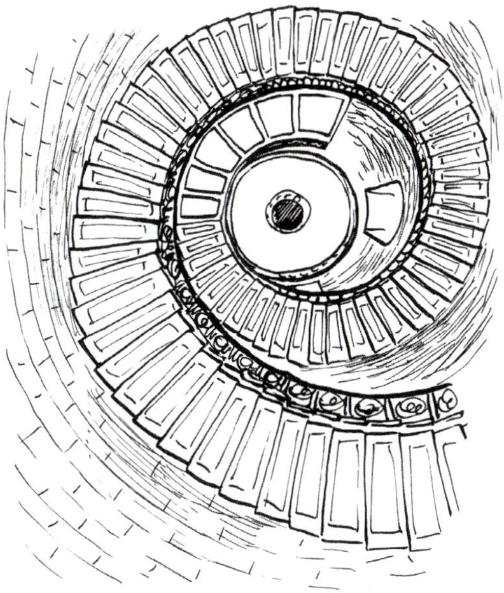

L'escalier suspendu de la cathédrale

Un petit coin de paradis

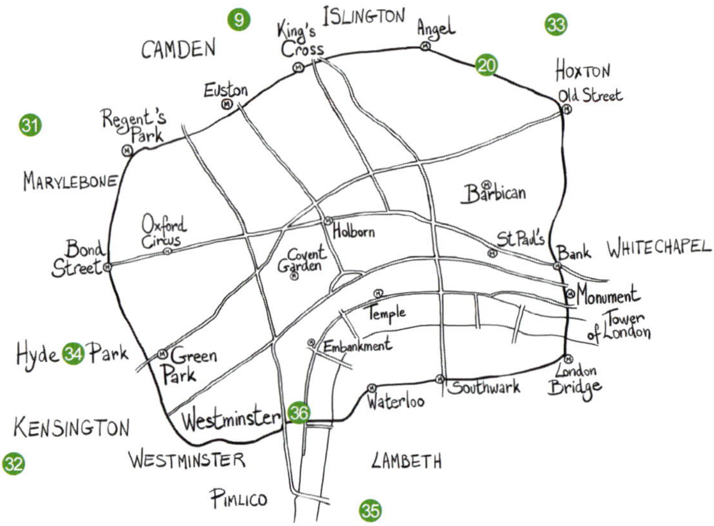

Kensal Green Cemetery

Construit en 1832, Kensal Green Cemetery fut le premier des sept grands cimetières destinés à remplacer les cimetières paroissiaux, devenus trop petits pour la population grandissante de la capitale. George Frederick Carden, un avocat au barreau de Londres, avait proposé la construction d'une nécropole privée, financée par des actionnaires. Son principal argument de vente : offrir un lieu sécurisé pour permettre aux morts le repos éternel. Il faut savoir qu'à l'époque de sa construction, le commerce de cadavres avait le vent en poupe et les tombes étaient souvent pillées. Pour attirer les classes moyennes et supérieures, Carden avait pris l'initiative d'aménager le cimetière comme un ***grand parc paysager*** – une idée qui lui aurait été inspirée par une visite au Père-Lachaise et qui influencera grandement l'agencement des cimetières par la suite. Lieu d'inhumation privilégié des aristocrates et des notables de la société victorienne, vous découvrirez les noms des personnalités de l'époque en vous promenant le long de ses allées principales : c'était là, bien en vue, que se faisaient enterrer ceux qui avaient de l'argent.

31 **Kensal Green Cemetery.** Harrow Road, W10 4RA. Métro : Kensal Green. www.kensalgreencemetery.com

Bunhill Fields

Situé à deux pas de chez moi, Bunhill Fields est un véritable havre de paix au cœur du quartier animé d'Old Street et un paradis pour les écureuils, qui se laissent nourrir par les passants et jouent à cache-cache entre les tombes enchevêtrées. Construit au XVIIe siècle et ***réservé aux dissidents***, son nom dérive de « Bone Hill », qui signifie « la colline aux ossements ». La plupart des pierres tombales sont plutôt simples, sans fioritures. Parmi les célébrités qui y sont inhumées, vous trouverez Daniel Defoe (1660-1731), l'auteur de *Robinson Crusoé*, ainsi que le poète et peintre visionnaire anglais William Blake (1757-1827). Ces deux sépultures sont les plus visitées, et les offrandes laissées par les pèlerins sont parfois étonnantes !

20 **Bunhill Fields.** 38 City Road, EC1Y 1AU. Métro : Old Street. www.cityoflondon.gov.uk/things-to-do/green-spaces/city-gardens/visitor-information (Where to visit)

Brompton Cemetery

Fruit de la vision de Benjamin Baud, Brompton Cemetery fut créé en 1836. L'architecte avait remporté le projet en présentant son idée de « ***cathédrale à ciel ouvert*** », inspirée par la place Saint-Pierre à Rome. Vous remarquerez en effet que l'allée centrale, bordée de colonnades, s'étend telle une nef jusqu'à une chapelle couronnée d'un dôme.

Ce cimetière est certainement l'un des plus beaux de Londres, et en vous promenant au milieu des tombes, vous reconnaîtrez peut-être les noms de célèbres défunts (Emmeline Pankhurst, Henry Cole, John Snow ou encore Samuel Leigh Sotheby), mais aussi de certains personnages de Beatrix Potter. L'écrivain, surtout connue pour ses œuvres de jeunesse, venait régulièrement pour y trouver l'inspiration !

32 **Brompton Cemetery.** Fulham Road, SW10 9UG. Métro : West Brompton. www.royalparks.org.uk/parks/brompton-cemetery ; www.bromptoncemetery.org

Abney Park Cemetery

Si vous êtes à la recherche d'un parc tranquille et sauvage, je vous conseille de pousser la grille d'Abney Park. Situé à Stoke Newington, cet ancien cimetière victorien fut le premier en Europe à accueillir un arboretum. Composé de plus de deux mille arbres et arbustes, dont certaines espèces exotiques comme le tulipier de Virginie et le cèdre du Liban, il était utilisé principalement à des fins éducatives. Afin de faciliter cet exercice, les arbres étaient d'ailleurs rangés par ordre alphabétique ! Aujourd'hui, il constitue toujours une réserve naturelle importante, peuplée de nombreuses espèces d'oiseaux et de papillons. D'autres ***créatures en marbre*** se dissimulent également au milieu des ronces et des herbes folles. Parmi celles-ci, un magnifique lion en taille réelle trône tel un roi. Saurez-vous le retrouver dans cette jungle ?

33 **Abney Park Cemetery.** Stoke Newington High Street ou Stoke Newington Church Street, N16 0LH. Train : Stoke Newington. www.abney-park.org.uk

Hyde Park's Pet Cemetery

Si vous remontez vers Victoria Gate, le long de Bayswater Road, vous apercevrez l'un des spectacles les plus étranges qui soit : derrière les feuillages, des centaines de stèles miniatures aux drôles de noms (Chips, Muffin, Fattie, Whiskey, Bogie) semblent avoir été abandonnées depuis une éternité. Où êtes-vous ? Au ***cimetière des animaux*** de Hyde Park. Cherry, un bichon maltais, fut le premier résident des lieux. À la mort de l'animal, ses propriétaires, amis du gardien du parc, avaient demandé à ce dernier la permission exceptionnelle d'enterrer leur fidèle compagnon à cet endroit qu'il avait tant aimé. Les années suivantes, d'autres ont eu la même idée, si bien qu'à sa fermeture en 1915, le cimetière comptait plus de trois cents tombes : des chiens et des chats, mais aussi des oiseaux et même un singe !

34 **Hyde Park's Pet Cemetery.** Victoria Gate Lodge, Hyde Park, W2 2UH. Métro : Lancaster Gate. www.royalparks.org.uk/parks/hyde-park

les catacombes de West Norwood

Certains viennent au West Norwood Cemetery pour admirer les sépultures originales, comme le mausolée en terracotta de Henry Doulton ou celui de sir Henry Tate. Mais moi, c'est surtout les souterrains que je trouve fascinants ! Les catacombes, qui n'ouvrent au public qu'une seule fois par an, réservent une expérience mémorable (j'en ai encore des frissons !). Au centre de la longue galerie centrale, vous apercevrez ***un ascenseur des plus curieux***. Construit par Bramah & Robinson et installé en 1839, il servait à descendre les morts depuis la chapelle, autrefois située juste au-dessus des catacombes. Actionné par une pompe hydraulique, il avait l'avantage d'être silencieux, mais posait parfois quelques problèmes en hiver !

35 **West Norwood Cemetery.** Norwood Road, SE27 9JU. Train : West Norwood. www.westnorwoodcemetery.com

la nécropole de Westminster

Tout le monde connaît Westminster Abbey, lieu de couronnement des principaux rois et reines d'Angleterre. Mais saviez-vous que l'édifice abrite également les sépultures de ***nombreux personnages illustres*** ? Charles Dickens, Georg Friedrich Haendel, Isaac Newton et Charles Darwin en font partie. D'autres, enterrés ailleurs, y disposent d'un monument à leur mémoire. C'est le cas, par exemple, de William Shakespeare, Winston Churchill, John Betjeman ou encore Oscar Wilde. Les mémoriaux sont placés un peu partout dans l'abbaye, à vous donc de les dénicher ! Il y en a d'ailleurs de toutes sortes : statues, vitraux, bustes, sculptures, dalles, ardoises, plaques... Une vraie leçon d'art et d'histoire !

36 **Poet's Corner.** Westminster Abbey, 20 Deans Yard, SW1P 3PA. Métro : Westminster. www.westminster-abbey.org

Highgate Cemetery

Au Highgate Cemetery, situé dans le nord de Londres, la nature semble avoir repris ses droits. Les sépultures, véritables chefs-d'œuvre d'***architecture victorienne gothique***, sont enfouies sous une végétation luxuriante et l'atmosphère, à la fois magique et inquiétante, est proche d'un film de Tim Burton ! Je ne peux que vous recommander d'explorer la partie ouest, qui se visite uniquement avec un guide. Celui-ci vous conduira, entre autres, jusqu'au Cercle du Liban, un majestueux ensemble de tombeaux familiaux surplombé d'un cèdre centenaire. Au détour de cette promenade au décor irréel, vous passerez devant la tombe du scientifique Michael Faraday ou encore celle d'Alexander Litvinenko, un espion russe mort dans des circonstances douteuses.

9 **Highgate Cemetery.** Swain's Lane, N6 6PJ. Métro : Highgate. www.highgate-cemetery.org

L'atmosphère fascinante du Highgate Cemetery

Le Londres calme de Katie

Née dans le Norfolk, Katie a grandi et passé la plus grande partie de sa vie à Londres, une ville qu'elle aime comparer à « un village aux mille visages ». Passionnée de botanique, elle y cultive son jardin, partageant son temps entre son potager et les prestigieux Kew Gardens, où elle est jardinière en chef !

Raconte-nous ton parcours : comment es-tu arrivée aux Kew Gardens ?
J'ai toujours aimé jardiner et, pendant longtemps, j'ai rêvé secrètement d'en faire mon métier. À l'époque, je travaillais dans la communication. Un jour, j'ai décidé de me lancer : je me suis inscrite à l'école d'horticulture de Kew – l'une des plus réputées – et j'ai été acceptée. Après mon apprentissage, on m'a proposé un poste, alors je suis restée ! Cela fait maintenant dix merveilleuses années que j'y travaille.

Parle-nous de cet endroit…
Les jardins botaniques de Kew furent créés en 1759 et sont inscrits au patrimoine mondial de l'Unesco depuis 2003. Ils se déploient sur une surface supérieure à 120 hectares et regorgent de plus de 30 000 espèces végétales ! C'est un endroit incroyable et, si vous avez le temps, il y a largement de quoi faire pour y passer la journée. Vous pourrez aussi admirer une pagode chinoise et visiter une galerie d'art spécialisée dans le dessin botanique. Autre attraction populaire, surtout auprès des enfants, le parcours dans les arbres !

Comment occupes-tu tes journées ?
Je dirige une petite équipe en charge du Woodland Garden (jardin boisé), du Winter Garden (jardin d'hiver) et du Peony Garden (jardin des pivoines). En automne, nous pouvons passer des journées entières à ramasser les feuilles ; en hiver, nous entretenons les allées et les parterres de fleurs ; au printemps et en été, nous plantons, irriguons et faisons l'inventaire des collections.

Ta contribution la plus significative aux jardins ou celle dont tu es la plus fière ?
L'aménagement paysager de la Davies Alpine House, une serre à l'aspect futuriste réunissant sous son toit les espèces botaniques alpines.

Ta plante, fleur ou spécimen préféré ?
La dent-de-chien (*Erythronium denscanis*), une plante herbacée de la famille des

liliacées dont la forme du bulbe rappelle la canine d'un chien, d'où son nom ! J'aime sa couleur rose vif, presque violette.

Les parcs et jardins que tu conseillerais aux passionnés ?

Queen Mary's Gardens et sa magnifique roseraie en plein cœur de Regent's Park, le jardin de Fenton House, vieux de plus de 300 ans, et le Chelsea Physic Garden. Allez aussi jeter un œil aux jardins de Fulham Palace, ainsi que ceux de Ham House.

Tes endroits préférés pour échapper à l'agitation de la ville ?

Le quartier de la City est si calme et tranquille le week-end venu, c'est un vrai bonheur ! J'aime également me promener sur les bords de la Tamise, notamment du côté de Chiswick (le long de Strand-on-the-Green) et de Richmond (à partir de Richmond Bridge et en direction des Terrace Gardens).

Le quartier de Londres que tu choisirais pour un après-midi dépaysant ?

Highgate ou Barnsbury. Le premier pour son atmosphère de village, ses bois enchanteurs et son célèbre cimetière, qui, à lui seul, vaut le détour. Le second pour le charme de ses ruelles résidentielles et de ses squares fleuris.

Les adresses coup de cœur de Katie

- **Kew Gardens**
  Kew Road, TW9 3AB
  Métro : Kew Gardens
  www.kew.org
- **Queen Mary's Gardens**
  Regent's Park, NW1 4NR
  Métros : Regent's Park/Baker Street
  www.royalparks.org.uk/parks/the-regents-park
- **Fulham Palace**
  Bishop's Avenue, SW6 6EA
  Métro : Putney Bridge
  www.fulhampalace.org
- **Ham House**
  Ham Street, TW10 7RS
  Métro : Richmond
  www.nationaltrust.org.uk/ham-house/
- **Fenton House**
  Hampstead Grove, NW3 6SP
  Métro : Hampstead
  www.nationaltrust.org.uk/fenton-house
- **Chelsea Physic Garden**
  66 Royal Hospital Road, SW3 4HS
  Métro : Sloane Square
  www.chelseaphysicgarden.co.uk

AFGHANISTAN

SO BRITISH!

Ville cosmopolite et multiculturelle, Londres n'a pas pour autant perdu son identité britannique ! Découvrez les traditions qui rythment le calendrier londonien, des plus anciennes aux plus curieuses, visitez les boutiques préférées de la famille royale et suivez-moi dans les lieux les plus emblématiques de la capitale. Let's go pour un tour « so British » !

Ils sont fous ces Anglais !

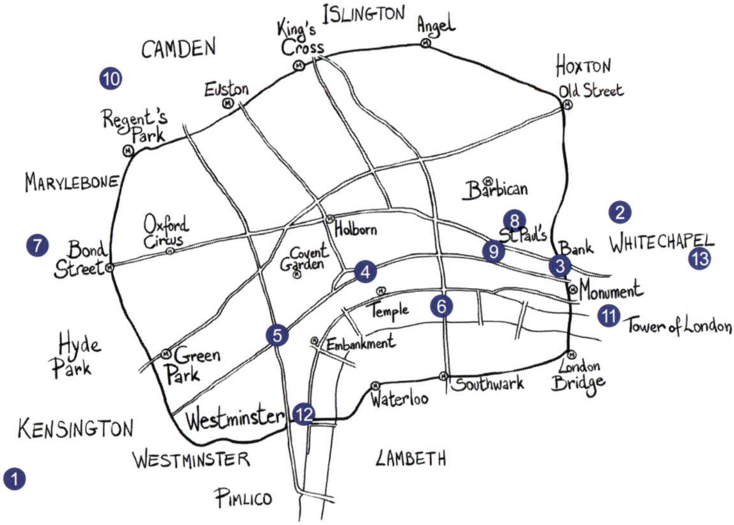

Boat Race

La Boat Race, qui voit s'affronter chaque année sur la Tamise les universités d'***Oxford*** et de ***Cambridge***, est l'un des temps forts du printemps ! Le jour de la course, plusieurs centaines de milliers de personnes se donnent rendez-vous sur les berges, entre Putney et Hammersmith, pour assister à l'événement : étudiants venus supporter les couleurs de leur école (bleu clair pour Cambridge, bleu foncé pour Oxford), amateurs de sports nautiques, familles, touristes. Certains sont là juste pour l'ambiance et pique-niquent sur les étendues d'herbe, tandis que d'autres, accoudés à la balustrade, attendent impatiemment le coup de sifflet du départ et le passage des rameurs. L'atmosphère est conviviale et, à la fin de la course, tout le monde se retrouve au pub pour commenter les résultats. Venez donc encourager les sportifs, ou passez au moins boire une pinte à la santé des vainqueurs !

Et si l'aviron n'est pas votre tasse de thé, rendez-vous à la ferme de Spitalfields. Elle organise, depuis quelques années déjà, la Goat Race. C'est une course d'un tout autre genre... ***entre deux chèvres*** : l'une représentant Oxford et l'autre Cambridge. Hilarant !

❶ **The Boat Race.** www.theboatrace.org

❷ **The Goat Race.** Spitalfields City Farm, Weaver Street, E1. Métro : Liverpool Street. www.thegoatrace.org

Lord Mayor's Show

Chars colorés, orchestres, défilé aérien et feux d'artifice : le lord-maire de Londres fait son show en grande pompe ! L'événement, qui réunit, chaque deuxième samedi de novembre, près d'un demi-million de Londoniens, trouve son origine en 1215. Cette année-là, le roi Jean d'Angleterre décide d'octroyer aux citoyens de la cité le droit de nommer leur propre maire, à la condition que celui-ci défile à travers la ville pour se présenter au peuple et prêter serment d'allégeance à la Couronne ! Presque 800 ans plus tard, cette tradition est encore bien vivante et, bien que l'élu ne se déplace plus jusqu'à Westminster, la procession n'en est pas moins impressionnante ! Le lord-maire, installé dans ***un somptueux carrosse*** vieux de plus de 300 ans, parade de Mansion House aux Royal Courts of Justice, accompagné de plusieurs milliers de personnes : soldats de l'armée britannique, anciennes guildes de la cité, policiers et ambulanciers officiant dans le quartier historique, écoles, et bien d'autres. Allez-y ; je vous assure qu'il n'y a pas deux événements comme celui-ci dans l'année !

❸ **Mansion House.** Walbrook, EC4N 8BH. Métro : Bank

❹ **Royal Courts of Justice.** Strand, WC2A 2LL. Métro : Temple. www.lordmayorsshow.org

danseurs Morris

Qu'ils manient le bâton, le mouchoir ou l'épée, les danseurs Morris ont l'art de savoir danser ! Sur des airs folkloriques, ils enchaînent les pas sous le regard intrigué des touristes, qui se demandent de quelle époque ces saltimbanques ont-ils bien pu être envoyés ! Eh bien, figurez-vous que ces ***danses traditionnelles*** auraient traversé le temps depuis le XVe siècle ! S'il existe plusieurs variantes selon les régions, les danses s'effectuent souvent par petits groupes de six ou huit, et les danseurs sont habituellement placés sur deux lignes se faisant face. Certains portent des grelots noués aux chevilles, et il n'est pas étonnant de les voir frapper dans leurs mains ou encore pousser de petits cris rythmant leur drôle de chorégraphie.

❺ **Les Westminster Morris Men** se produisent régulièrement sur Trafalgar Square (métro : Charing Cross). Pour plus d'informations : www.westminstermorris.org

Doggett's Coat and Badge

La course de Doggett's Coat and Badge est l'une des plus anciennes compétitions sportives au monde. L'histoire raconte qu'un soir de tempête, alors qu'il essayait de rentrer chez lui après une soirée bien arrosée, l'acteur Thomas Doggett eut bien des difficultés à trouver quelqu'un pour l'escorter jusqu'à sa résidence de Chelsea. Finalement, un jeune marinier se dévoua pour le ramener contre vents et marées, et au péril de sa propre vie. Impressionné par tant de courage, Doggett décida de créer une compétition pour récompenser le ***meilleur batelier de la cité***. Depuis 1715, elle a lieu chaque année entre Chelsea et London Bridge, et le vainqueur se voit récompensé d'un manteau (*coat*) et d'un insigne (*badge*) en argent. Le pub éponyme, situé sur Bankside, est un emplacement idéal pour y assister.

❻ **Doggett's Coat and Badge.** 1 Blackfriars Bridge, SE1 9UD. Train : Blackfriars. www.nicholsonspubs.co.uk/doggettscoatandbadgesouthbanklondon

Horseman's Sunday

Si vous vous promenez aux alentours de St John's Church un dimanche, vers la fin septembre, ne vous étonnez pas de voir son vicaire à cheval, défiler à la tête d'une impressionnante cavalcade ! La ***messe des chevaux***, plus connue sous le nom de Horseman's Sunday, est un rituel qui se déroule chaque année depuis 45 ans en célébration du maintien des écuries de Hyde Park, menacées de fermeture en 1968. Venez voir le prêtre, en équilibre sur sa monture, bénir les chevaux de toute race qui se sont distingués cette année-là. Puis prenez part aux festivités : tombola, activités pour les enfants et promenades en carriole sont généralement au programme !

Au trot ou au galop, vous vous sentez prêt pour une chevauchée fantastique dans Hyde Park ? Rendez-vous directement aux ***écuries***.

7 **St John's Hyde Park.** Hyde Park Crescent, W2 2QD. Métro : Lancaster Gate. www.stjohns-hydepark.com

7 **Hyde Park Stables.** 63 Bathurst Mews, W2 2SB. Métro : Lancaster Gate. www.hydeparkstables.com

La monture du prêtre lors du Horseman's Sunday

Pearly Kings & Queens Harvest Festival

Les *Pearlies*, qui se distinguent par leurs habits entièrement ***brodés de perles et de boutons***, défilent régulièrement dans les rues de Londres afin de réunir des fonds pour diverses œuvres caritatives. Cette tradition, qui remonte à l'époque victorienne, fut initiée par Henry Croft. Ce jeune orphelin, qui travaillait alors comme balayeur de rue, s'était mis en tête de récolter de l'argent pour aider les autres enfants dans son cas. S'inspirant de la tenue des marchands de quatre saisons, il ramassa tous les boutons et petits objets qu'il trouva par terre et les cousit sur ses vêtements de manière à attirer l'attention. Il fonda par la suite la Pearly Society, qui poursuit aujourd'hui son action et organise chaque année, à l'automne, une grande parade de Guildhall à St Mary-le-Bow. Allez-y pour admirer de près les extraordinaires costumes des reines et rois de nacre : réalisés à la main, ils peuvent compter jusqu'à 30 000 boutons qui forment des motifs propres à chaque famille ! Fanfares, ânes, et danseurs Morris sont aussi au rendez-vous.

8 **Guildhall.** Gresham Street, EC2V 7HH. Métro : Moorgate

9 **St Mary-le-Bow.** Cheapside, EC2V 6AU. Métro : St Paul's.
www.pearlysociety.co.uk

Bonfire Night

« *Remember, remember the fifth of November / Gunpowder, treason and plot* »*, nous dit la chanson. Avec tous les ***feux d'artifice*** tirés dans la ville, comment pourrait-on oublier Bonfire Night ? L'origine de cette fête populaire remonte à 1605, lorsqu'un groupe de catholiques tenta d'assassiner le roi en faisant exploser le Parlement. Heureusement, une lettre anonyme envoyée à l'un des membres de la Chambre des lords

* « Souvenez-vous, souvenez-vous du 5 novembre/Poudre à canon, trahison et conspiration »

Les broderies en boutons de nacre des Pearlies

permit d'éviter la catastrophe de justesse : Guy Fawkes, l'un des principaux conspirateurs, fut arrêté alors qu'il s'apprêtait à mettre le feu à plus d'une trentaine de barils de poudre cachés dans les caves du palais. Depuis, chaque automne, les Anglais célèbrent l'échec du complot en organisant des feux de joie. Du haut de Primrose Hill, le spectacle nocturne est féerique.

⑩ **Primrose Hill.** 49 Regent's Park Road, NW1 8XD. Métro : Chalk Farm

Trooping the Colour

La reine ne fait rien comme tout le monde, et en voici la preuve : bien qu'elle soit née un 21 avril, elle célèbre son ***anniversaire*** en juin. Pourquoi ? Parce que le temps est alors plus agréable, pardi ! Chaque année, des milliers de Britanniques se rassemblent devant les grilles de Buckingham Palace et le long du Mall pour assister aux festivités officielles et escorter Sa Majesté jusqu'à Horse Guards Parade, où elle reçoit, à 11 heures précises, le salut de ses troupes au grand complet. Un défilé haut en couleur, lors duquel vous pourrez admirer les uniformes des divers régiments, tout en révisant les airs traditionnels britanniques ! Pensez à arriver tôt si vous voulez voir quelque chose, ou participer au tirage au sort pour gagner une place dans les tribunes !

⑤ **Trooping the Colour.** Horse Guards Parade, Whitehall, SW1A 2AX. Métro : Charing Cross. www.trooping-the-colour.co.uk ; www.royal.gov.uk/royaleventsandceremonies/troopingthecolour/troopingthecolour.aspx

le recensement des cygnes

Si je vous demande combien de cygnes nagent sur la Tamise, je parie que vous serez incapable de me répondre. La reine, elle, saurait vous aider ! En effet, chaque été, Sa Majesté fait compter les volatiles qui circulent entre Sunbury, dans le Surrey, et Abingdon, dans le Berkshire. Une tradition curieuse qui remonte au XIIe siècle : à cette époque, l'oiseau était considéré comme l'un des mets les plus raffinés, et la Couronne, qui s'était bien évidemment approprié tous les cygnes, utilisait ce recensement pour estimer ses stocks. Aujourd'hui, et bien que l'oiseau majestueux ne fasse plus partie du ***régime alimentaire royal***, celui-ci a toujours lieu et permet d'évaluer la santé de cette espèce dont la population n'a cessé de décroître au cours des siècles. Peut-être apercevrez-vous un de ces jours le marqueur de cygnes et ses assesseurs, traditionnellement vêtus en rouge et blanc, sillonner le fleuve ?

Swan Upping. Pour plus d'informations et pour connaître les dates exactes du prochain recensement :
www.royal.gov.uk/royaleventsandceremonies/swanupping/swanupping.aspx ;
www.royalswan.co.uk

Ceremony of the Keys

Le meilleur moment pour visiter Tower of London ? Entre 21 h 53 et 22 heures ! En effet, c'est à cette heure précise que se tient ***chaque soir depuis plus de 700 ans*** la traditionnelle Ceremony of the Keys. À cette occasion, vous verrez le chef des Yeomen Warders, facilement reconnaissable à son habit rouge à brandebourg et son chapeau noir de style Tudor. Escorté par les membres de la garde, il verrouillera les différentes portes d'accès de la forteresse l'une après l'autre, suivant un cérémonial très précis. En plus du privilège de l'accompagner dans sa mission de haute importance – la sécurité des joyaux de la Couronne en dépend ! –, vous découvrirez des anecdotes et légendes liées à l'histoire de la tour. De nuit, à la lueur de la lanterne, l'atmosphère est fantastique, alors, surtout, ne soyez pas en retard !

⓫ **Tower of London.** Tower Hill, EC3N 4AB. Métro : Tower Hill. Pour assister à la cérémonie, il faudra en faire la demande par écrit. Pour plus d'informations :
www.hrp.org.uk/TowerOfLondon/WhatsOn/theceremonyofthekeys

le coin des orateurs

Speakers' Corner compte parmi les endroits les plus insolites de Londres ! En effet, ce petit coin de Hyde Park, plutôt calme en semaine, s'anime tous les dimanches lorsque des orateurs de tous horizons s'y retrouvent. Perchés ***sur leurs tribunes de fortune*** (tabourets et escabeaux), ils déclament aux passants leurs idées – souvent révolutionnaires, parfois extrémistes – sur des sujets aussi variés que la politique, la religion, les problèmes de société, ou encore la fin du monde ! Comme vous vous en doutez, les échanges sont souvent animés. Certains habitués, qui ne manquent d'ailleurs pas de charisme, prennent un malin plaisir à venir chahuter les beaux parleurs, ce qui rend le spectacle d'autant plus théâtral et divertissant ! Si vous passez par là, arrêtez-vous... vous ne savez jamais sur qui vous pourriez tomber. Après tout, George Orwell, Vladimir Lénine, Karl Marx, Marcus Garvey, et bien d'autres, y ont tous défendu leurs idées par le passé.

7 **Speakers' Corner.** Hyde Park, W1C 1LX. Métro : Marble Arch

Pancake Day

Vous ne savez pas quoi faire pour Mardi gras ? Allez assister à une ***course de crêpes*** ! Celles-ci se déroulent chaque année en divers endroits de la ville et servent à récolter des fonds pour des associations de bienfaisance. La plus surprenante ? Celle qui se tient dans les jardins du Parlement et qui voit s'affronter chaque année des députés britanniques à des personnalités des médias ! Regardez-les courir à toute vitesse, une toque sur la tête et une poêle à la main, tout en s'évertuant à faire sauter leurs fines galettes sans les laisser tomber : croyez-moi, c'est un vrai divertissement ! Vous vous demanderez sans doute où les Anglais ont bien pu chercher cette idée farfelue. La tradition remonterait au XVe siècle :

une mère de famille du village d'Olney, dans le Buckinghamshire, était si absorbée par la préparation de ses crêpes qu'elle en oublia l'heure et faillit rater la messe. En entendant les cloches sonner, elle se précipita hors de sa maison et courut jusqu'à l'église avec sa poêle !

12 Parliamentary Pancake Race. Victoria Tower Gardens, SW1A 2NE. Métro : Westminster

Hot Cross Bun Ceremony

Avez-vous déjà goûté à ces petits pains sucrés aux raisins secs dont les Anglais sont particulièrement friands ? Appelés *hot cross bun* à cause de leur ***glaçage en forme de croix***, on ne les mangeait autrefois qu'à l'occasion du Vendredi saint. Si leur consommation a beaucoup perdu de sa symbolique religieuse, la Hot Cross Bun Ceremony, inspirée par une légende urbaine, rappelle encore cette tradition. L'histoire affirme qu'au début du XIXe siècle, un jeune homme, officier de la Marine, promit à sa mère de rentrer pour Pâques. Afin de célébrer son retour, celle-ci prépara des *hot cross buns* et en fit de même chaque année jusqu'à sa mort, espérant que son fils finirait par tenir sa promesse. Lorsque leur cottage fut remplacé par un pub, The Widow's Son, les propriétaires décidèrent de perpétuer la tradition, en lançant chaque année un *bun* dans un filet au-dessus du bar. Les soldats et officiers de la Marine s'y réunissent à cette occasion pour commémorer le souvenir des disparus en mer.

13 The Widow's Son. 75 Devons Road, E3 3PJ. DLR : Devons Road

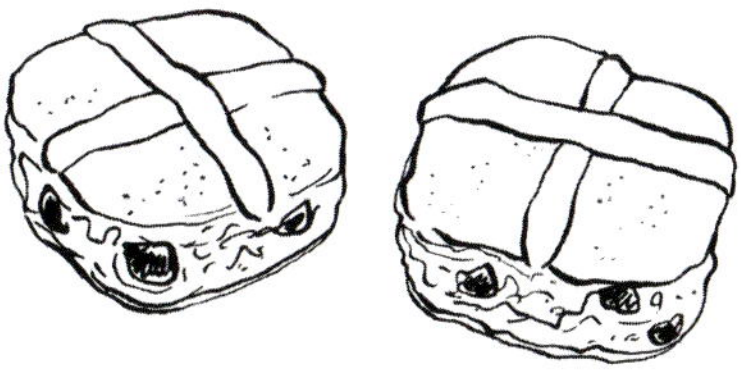

Trafalgar Day Parade

1805. Bataille de Trafalgar. Une date que nous connaissons bien, nous, Français, puisqu'elle nous reste encore en travers de la gorge. Le 21 octobre de cette même année, la flotte britannique remportait une victoire décisive sur les flottes franco-espagnoles. Le rêve de conquête du Royaume-Uni de Napoléon tombait à l'eau, tandis que l'amiral Nelson, aux commandes des forces britanniques, perdait la vie. Élevé au rang de héros, une statue à son effigie fut dressée sur Trafalgar Square, une des places les plus connues d'Angleterre. Levez la tête et vous l'apercevrez, à quarante-quatre mètres de haut, le regard tourné vers les côtes anglaises. On dit que le commandant, depuis sa colonne, surveille son navire, amarré à Portsmouth. Chaque année, en son hommage, les ***cadets de la Marine*** défilent au pied du monument. Allez voir l'étonnante parade militaire, mais surtout ne dites pas un mot : il est préférable que personne ne sache que vous êtes français !

5 **Trafalgar Square**, WC2N 5DN. Métro : Charing Cross

Les cadets de la Marine

Les meilleures adresses de la capitale !

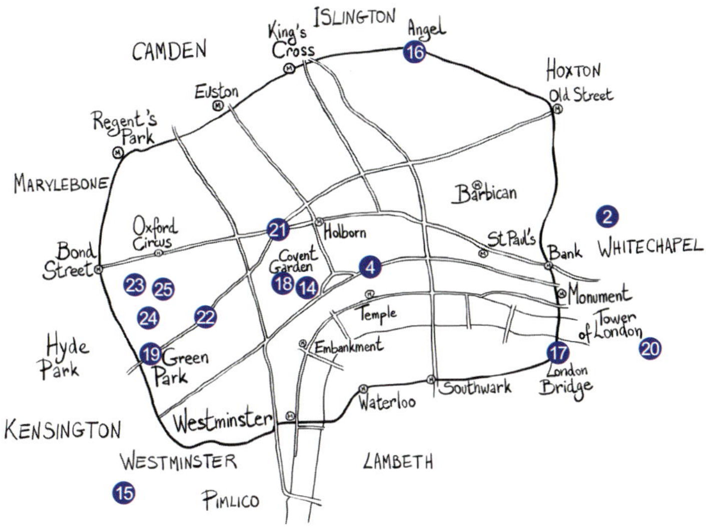

Twinings, le thé de la reine

En 1706, un certain Thomas Twining rachetait la Tom's Coffee House située au 216 Strand et fondait la société Twinings. Il fut l'un des premiers à faire découvrir le thé aux Anglais, qui, à cette époque, préféraient le café ou la bière au petit déjeuner. Le thé gagna rapidement en popularité, d'abord auprès des classes aisées, puis au sein des classes plus populaires. Aujourd'hui, Twinings est une véritable institution pour les amateurs de thés et le ***fournisseur officiel de Sa Majesté*** la reine Elizabeth II !

La boutique historique du Strand existe toujours, elle abrite d'ailleurs un petit musée qui retrace les 300 ans d'histoire de la marque et expose des objets anciens et emblématiques liés à l'art du thé. Elle offre également la plus large ***sélection de thés*** et infusions Twinings au monde, y compris les *blends* (mélanges) et les variétés aromatisées les plus rares. Ne manquez pas de goûter au traditionnel *English Breakfast Tea* : à l'arrière de la boutique, des tasses sont à votre disposition pour une dégustation offerte par la maison !

4 **Twinings Tea Museum and Shop.** 216 Strand, WC2R 1AP. Métro : Temple. www.twinings.com

Penhaligon's, parfumerie de luxe

Fondée dans les années 1860, Penhaligon's est aujourd'hui l'une des maisons de parfums les plus célèbres au monde. Son histoire commença lorsque William Henry Penhaligon, un barbier originaire de Cornouailles, décida de s'installer à Londres et d'ouvrir un salon dans le quartier de St James, très fréquenté par l'aristocratie. Il se met alors en tête de créer une eau de toilette pour sa clientèle et s'inspire de l'odeur des bains turcs de Jermyn Street afin de composer sa première essence – qu'il nommera tout naturellement Hammam Bouquet. Environ 140 ans plus tard, la collection du parfumeur est composée de trente-quatre fragrances, qui sont joliment vendues dans des ***flacons de style victorien*** décorés d'un petit ruban. Toutes plus enivrantes les unes que les autres, elles sont élaborées à partir d'ingrédients rares, dont je vous laisse deviner les notes originales et les accords subtils. Envoûtement garanti !

14 **Penhaligon's.** 41 Wellington Street, WC2E 7BN. Métro : Covent Garden ; 15 132 Kings Road, SW3 4TR. Métro : Sloane Square ; 16 112 Islington High Street, Camden Passage, N1 8EG. Métro : Angel. www.penhaligons.com

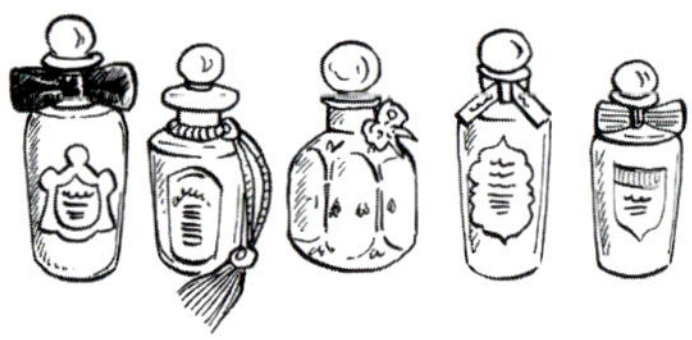

Neal's Yard, la crème des fromages

Si, comme mon père, vous pensez que le cheddar, c'est bon, mais seulement quand il n'y a rien d'autre à manger, je vous recommande vivement d'aller faire un tour chez Neal's Yard Dairy, établi juste à côté du Borough Market. Là-bas, les fromages britanniques de ***fabrication artisanale*** sont à l'honneur… À peine passé le seuil de la boutique, il vous sera impossible de détourner votre regard des meules géantes qui trônent sur les étagères. Les vendeurs, qui connaissent très bien leurs produits, sauront vous conseiller et n'hésiteront pas à vous faire goûter leurs produits jusqu'à ce que vous trouviez celui qui vous convienne. Essayez donc le Montgomery's Cheddar, le Stichelton et le Stinking Bishop : vous m'en direz des nouvelles !

17 **Neal's Yard Dairy.** 6 Park Street, SE1 9AB. Métro : London Bridge ; 18 17 Shorts Gardens, WC2H 9AT. Métro : Covent Garden. www.nealsyarddairy.co.uk

Charbonnel et Walker, maître chocolatier

Charbonnel et Walker est l'***une des plus anciennes chocolateries*** de Grande-Bretagne. Son histoire remonte à 1875, lorsque madame Charbonnel, de la confiserie Boissier, décide de quitter Paris pour Londres et de s'associer avec Mrs Walker. Près de 150 ans plus tard, leur affaire tourne toujours, et leur renommée est telle que même la reine s'approvisionne là-bas ! Toutes les spécialités de la maison méritent d'être goûtées. Cependant, si vous devez choisir, laissez-vous tenter par les truffes au marc de champagne ou les crèmes de rose et violette enrobées de chocolat noir. Vous trouverez sa boutique dans l'une des plus élégantes galeries commerçantes, The Royal Shopping Arcade.

19 **Charbonnel et Walker.** 1 The Royal Arcade, 28 Old Bond Street, W1S 4BT. Métro : Green Park ; 20 Cabot Place West, E14 4QT. Métro : Canary Wharf ; 2 Liverpool Street Station, EC2M 7PY. Métro : Liverpool Street. www.charbonnel.co.uk

James Smith & Sons

Je ne pense rien vous apprendre si je vous dis qu'à Londres, le temps est imprévisible et que l'on n'est jamais à l'abri d'une averse. Heureusement, je connais une adresse qui devrait vous enchanter : James Smith & Sons, sur New Oxford Street, ***spécialiste du parapluie*** depuis 1830. La façade de la boutique comme son intérieur vous renverront d'ailleurs instantanément à l'époque victorienne et vous serez, j'en suis certaine, impressionné par le nombre et le style des modèles qui vous seront proposés ! La plupart sont fabriqués dans l'atelier niché au sous-sol du magasin, et même s'il vous faudra mettre le prix (les créations de la maison vont de quelques dizaines à plusieurs milliers de livres pour du sur-mesure !), au moins, ils ne risquent pas de se casser à la moindre bourrasque. Au fait, saviez-vous qu'un parapluie réalisé à votre taille pourra également vous servir de canne ?

21 **James Smith & Sons.** 53 New Oxford Street, W1CA 1BL. Métro : Holborn. www.james-smith.co.uk

boutiques de chapeaux

Vous aimez les chapeaux ? Alors rendez-vous dans le quartier de St James, où vous trouverez certainement votre bonheur. ***Lock & Co***, qui existe depuis le XVIIe siècle, peut se vanter d'avoir inventé le chapeau melon, mais aussi d'avoir vu ses créations portées par Winston Churchill, Charlie Chaplin, Horatio Nelson et même la reine ! À deux pas de là, ***Bates*** regorge également de couvre-chefs de qualité. Entre les casquettes en tweed et les hauts-de-forme, vous apercevrez Binks, un chat empaillé qui fume le cigare, dont je vous laisse découvrir l'histoire !

19 **Lock & Co.** 6 St James's Street, SW1A 1EF. Métro : Green Park. www.lockhatters.co.uk

19 **Bates.** 21a Jermyn Street, SW1 6HP. Métro : Green Park. www.bates-hats.co.uk

La vitrine élégante de la boutique Lock & Co

la librairie Hatchards

La librairie Hatchards, qui s'étend sur cinq étages, est un paradis pour les amoureux de littérature ! Fondée en 1797, elle a gardé son charme avec son ***grand escalier central en bois*** et ses nombreux petits salons, qui lui donnent des allures de maison privée. À l'époque, elle était le lieu de rendez-vous des *gentlemen* qui venaient pour y lire le journal et débattre des sujets d'actualité. Nombre de personnalités littéraires britanniques, dont Oscar Wilde et Rudyard Kipling, comptaient parmi ses clients fidèles. Aujourd'hui encore, elle est la librairie londonienne préférée des auteurs contemporains qui viennent régulièrement y signer leurs livres. Après vos achats, vous pourrez vous réfugier chez Fortnum & Mason, juste à côté, pour dévorer vos trouvailles devant une bonne tasse de thé !

22 **Hatchards.** 187 Piccadilly, W1J 9LE. Métro : Piccadilly Circus. www.hatchards.co.uk

22 **Fortnum & Mason.** 181 Piccadilly, W1A 1ER. Métro : Piccadilly Circus. www.fortnumandmason.com

Smythson, papeterie de luxe

Installée dans le quartier chic de Bond Street depuis 1887, la boutique Smythson est spécialisée en papeterie, agendas et ***articles de maroquinerie***. Ses produits, qui allient parfaitement tradition et modernité, sont réputés à travers le monde pour leur qualité et le luxe discret qu'ils offrent. Les carnets en cuir sont particulièrement élégants et, si vous le souhaitez, vous pourrez même les faire personnaliser en ajoutant vos initiales ou une phrase en lettres d'or sur la couverture ! Lors de votre visite, profitez-en pour aller voir le petit musée situé à l'arrière du magasin. Parmi les nombreux objets exposés qui reflètent le style de la maison à travers le temps, vous aurez la chance d'admirer le papier à lettres de la princesse Diana, la carte de visite de Sigmund Freud et le livre de condoléances de John Fitzgerald Kennedy.

23 **Smythson.** 40 New Bond Street, W1S 2DE. Métro : Bond Street ; 214 Westbourne Grove, W11 2RH. Métro : Notting Hill Gate ; 7 Change Alley, EC3V 3LL. Métro : Bank. www.smythson.com

Berry Bros. & Rudd, cave à vins

Amateurs de bonnes bouteilles, je vous encourage à faire un détour par la cave du plus ancien négociant de vins et de spiritueux de la ville : Berry Bros. & Rudd. Leur boutique sur St James's Street, qui existe depuis plus de 300 ans, est chargée d'histoire : parmi les nombreuses curiosités exposées, vous trouverez des photos de famille en noir et blanc, un télégramme envoyé par la White Star Line annonçant que le *Titanic* vient de perdre sa cargaison et une balance ancienne qui servait autrefois à peser les clients. Demandez à explorer les caves qui s'étendent en sous-sol sur plusieurs niveaux. C'est là que sont conservés les ***millésimes anciens*** et les crus les plus rares, ainsi que la collection privée de la famille. Vous souhaitez déguster les cuvées sélectionnées par la maison ? Je vous conseille leurs single malts de Glenrothes ou la liqueur King's Ginger.

19 **Berry Bros. & Rudd.** 3 St James's Street, SW1A 1EG. Métro : Green Park. www.bbr.com

la joaillerie Asprey

Même si vous ne comptez pas acheter, rien ne vous empêche d'aller jeter un œil aux vitrines de la joaillerie Asprey. Fondée en 1781, elle devint rapidement l'une des maisons de luxe les plus renommées, et l'une des plus prisées par les rois et reines des quatre coins du monde. Après plus de deux siècles, elle n'a rien perdu de son prestige et continue de vendre les produits qui ont fait son succès, mais propose aussi à sa clientèle des sacs à main, des montres, des livres rares, des accessoires de table, ainsi que des ***créations sur mesure***. Elle réalisa entre autres un échiquier pour Ringo Starr, le collier surnommé « Le Cœur de l'océan » qui apparaît dans le film *Titanic*, et divers trophées pour certaines des compétitions sportives les plus prestigieuses au monde.

24 **Asprey.** 167 New Bond Street, W1S 4AY. Métro : Green Park. www.asprey.com

Hamleys, le paradis des jouets

Hamleys fait partie de ces magasins qui donnent envie de retomber en enfance ! Installé sur Regent Street depuis 1881, il offre ***sur sept étages*** tout ce dont les petits comme les grands peuvent rêver : des peluches et jouets classiques aux appareils électroniques dernier cri. Attendez-vous à voir des avions frôler votre tête, des poupées parler, des ballons voler et des locomotives siffler. Car, ici, les jouets ne sont pas confinés dans leur boîte, mais bien faits pour qu'on s'amuse avec ! À Noël, les vitrines sont toujours joliment décorées et l'atmosphère y est particulièrement féerique. D'ailleurs, ne serait-ce pas là que le père Noël vient faire ses courses ?

25 **Hamleys.** 188-196 Regent Street, W1B 5BT. Métro : Oxford Circus. www.hamleys.com

A.Gold, épicerie anglaise

A. Gold est une épicerie minuscule, mais tout à fait charmante, nichée dans le quartier de Spitalfields. Vous y trouverez un assortiment de ***produits traditionnellement anglais*** qu'il vous sera difficile de dénicher ailleurs, et pour cause : la majorité provient directement de chez des artisans et petits producteurs répartis sur le territoire britannique ! Marmelade et *lemon curd*, biscuits au gingembre, moutarde, chutneys et confit d'oignons, bonbons et caramels à l'ancienne, cidre artisanal et même du gin : voilà de quoi vous faire plaisir ! En plus, les emballages, à l'image de la boutique, sont originaux et délicieusement rétro ! Et si vous avez un petit creux, pourquoi ne pas déguster certaines spécialités de la maison sur place ? Les *Scotch eggs* sont excellents, tout comme les gâteaux. D'ailleurs, je reprendrai bien une part de *Victoria sponge cake*, pas vous ?

2 **A.Gold.** 42 Brushfield Street, E1 6AG. Métro : Liverpool Street. http://agoldshop.com

Les produits d'épicerie fine de A.Gold

Révisez vos classiques !

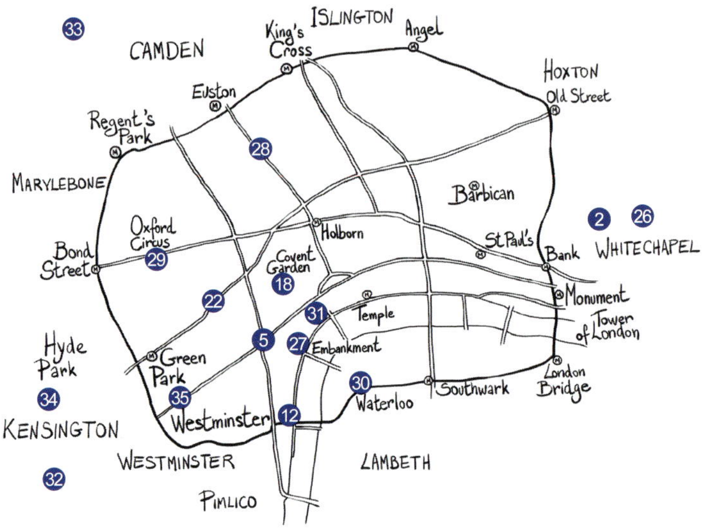

Big Ben

Elle pèse 13,5 tonnes pour un diamètre de 2,7 mètres et une hauteur de 2,2 mètres. De quoi parle-t-on ? De Big Ben bien sûr ! La cloche la plus célèbre du monde, installée dans la Clock Tower (tour de l'Horloge) de Westminster Palace, s'entend jusqu'à six kilomètres à la ronde ! Si vous êtes résident du Royaume-Uni, sachez qu'il vous suffit d'écrire une lettre à votre MP (député local) pour être convié à une visite guidée de l'édifice. Après avoir gravi les 334 marches qui vous mèneront ***au sommet du beffroi***, écoutez ses carillons sonner (l'air fut inspiré du *Messie* de Haendel !) et sentez leurs vibrations se propager dans tout votre corps. Vous pourrez également admirer les mécanismes de l'horloge, ses impressionnants cadrans – quatre au total, un pour chaque face ! – et profiter d'une très belle vue sur Londres.

Si vous n'avez pas ce privilège, allez faire un tour de la Whitechapel Bell Foundry, où fut coulée la cloche en 1858. La ***fonderie***, qui existe depuis 1570, est la plus vieille manufacture britannique en activité, et son histoire est fascinante.

⓬ **Big Ben.** Westminster Palace, Westminster Bridge Road, SW1A 0AA. Métro : Westminster. www.parliament.uk/visiting/visiting-and-tours/ukvisitors/bigben

㉖ **Whitechapel Bell Foundry.** 32-34 Whitechapel Road, E1 1DY. Métro : Aldgate East. www.whitechapelbellfoundry.co.uk

cabmen's shelters

Les chauffeurs de taxi connaissent la ville mieux que personne. Pas étonnant, lorsque l'on sait que, pour obtenir leur licence et conduire l'un des mythiques ***black cabs***, ils doivent passer le fameux *Knowledge*. Cet examen très difficile les oblige à apprendre le nom de plus de 20 000 monuments et sites d'intérêt touristique ! Souvent bavards, les *cabbies* apprécient la conversation et c'est avec plaisir qu'ils partageront avec vous leurs endroits favoris et anecdotes en tout genre. Vous pourrez les rencontrer dans les petites maisonnettes vertes semblables à des abris de jardin que l'on aperçoit parfois au bord des routes. Construites en 1875, elles permettaient aux cochers de prendre un repas chaud ou de faire une pause sans s'éloigner trop longtemps de leurs chevaux. Sur les soixante et une bâties à l'époque, il en reste treize dans la ville. À l'heure du déjeuner, elles sont toujours fréquentées par les taxis d'aujourd'hui.

Vous trouverez des *cabmen's shelters* aux endroits suivants :

㉗ **Embankment Place**, WC2. Métro : Embankment

㉘ **Russell Square**, WC1N. Métro : Russell Square

㉙ **Hanover Square**, W1S. Métro : Oxford Circus

London Eye

Le London Eye, littéralement « l'œil de Londres », trône fièrement sur la rive sud de la Tamise. Initialement installé afin de célébrer le passage à l'an 2000, il trouva finalement sa place dans le paysage londonien, si bien que la municipalité de Lambeth décida d'en faire une ***attraction permanente*** ! Dessiné par les architectes David Marks et Julia Barfield, sa construction dura 7 ans et nécessita l'effort de centaines de personnes. Les pièces de sa structure, fabriquées dans différents pays d'Europe, furent acheminées par bateau et la roue fut d'abord assemblée à plat avant d'être dressée à l'aide de grues. Aujourd'hui, elle s'élève à cent trente-cinq mètres, et ses trente-deux cabines, qui représentent chacune un des *boroughs* (arrondissements) de Londres, offrent des vues époustouflantes sur la ville !

(30) **London Eye.** Riverside Building, County Hall, Westminster Bridge Road, SE1 7PB. Métro : Waterloo. www.londoneye.com

rouler à gauche, rouler à droite

Les Anglais roulent « du mauvais côté », et malheureusement, vous ne pourrez rien y changer ! Pourtant, il existe à Londres une exception qui confirme la règle : ***Savoy Court***, située devant le grand hôtel du même nom, est en effet la seule rue du Royaume-Uni où vous pouvez rouler à droite en toute légalité ! Cette dérogation remonterait au XIXe siècle : les cochers, qui venaient régulièrement y déposer des clients, devaient sortir de leur calèche et en faire le tour pour faire descendre leurs passagers. Pour des raisons pratiques, ils décidèrent donc de s'arrêter de l'autre côté de la route, directement devant l'entrée de l'établissement. Depuis cette époque, la tradition continue et les taxis se garent sur le côté droit, permettant ainsi au portier de l'hôtel de venir ouvrir la porte de la voiture.

(31) **Savoy Court.** Strand, WC2R 0EU. Métro : Charing Cross

Piccadilly Circus

Piccadilly Circus, situé au croisement de quatre artères principales du West End, est un lieu de passage obligé lorsque l'on visite la ville. Depuis le début du XXe siècle, la place est surtout connue pour ses panneaux publicitaires géants et ses ***affichages lumineux***, qui lui valent souvent d'être comparée à Times Square, son équivalent new-yorkais. Vous remarquerez que toutes les enseignes sont regroupées sur la façade d'un même bâtiment : c'est en effet le seul qui n'appartienne pas à la reine ! Détenu par un groupe privé, l'espace est loué à des marques, et plus rarement à des individuels : en 2002, Yoko Ono diffusa ainsi sur les écrans un message de paix, inspiré des célèbres paroles de la chanson *Imagine* de John Lennon. Les lumières de Piccadilly, qui brillent de jour comme de nuit, s'éteignirent seulement deux fois au cours du siècle dernier : la première fois en 1965, pour les funérailles de Winston Churchill, la seconde en 1997, en hommage à la princesse Diana.

22 **Piccadilly Circus.** 1-7 Shaftesbury Avenue, Piccadilly, EG W1D.
Métro : Piccadilly Circus

Les affichages lumineux de Piccadilly Circus

les bus à impériale rouges

Je suis venue à Londres la première fois en voyage scolaire, et je m'en souviens comme si c'était hier ! Je me rappelle tout particulièrement des bus à impériale rouges : on y montait encore par l'arrière, et l'on se bousculait à l'étage pour avoir la meilleure place, à l'avant du bus, face à la large fenêtre. Introduits en 1956, les ***Routemasters*** furent progressivement remplacés par des bus plus modernes. S'ils ont pratiquement disparu de la circulation, il en existe toujours quelques-uns en service sur les lignes n° 9 et n° 15. Vous y trouverez, comme au bon vieux temps, un contrôleur chargé de vérifier les billets et qui vous laissera descendre où bon vous semble. Si vous en avez l'occasion, faites aussi un arrêt par le London Transport Museum. Vous y découvrirez tous les types de bus qui ont circulé dans la capitale ; des omnibus tractés par les chevaux au début du XIXe siècle jusqu'aux bus dernière génération.

5 **La ligne n° 15** circule de Trafalgar Square à Tower of London, en passant par Monument et St Paul's Cathedral.

5 **La ligne n° 9** vous emmène de Trafalgar Square à Kensington High Street, en passant par Piccadilly Circus, Hyde Park Corner, Knightsbridge et le Royal Albert Hall.

18 **London Transport Museum.** Covent Garden Piazza, WC2E 7BB. Métro : Covent Garden. www.ltmuseum.co.uk

les bobbies

Les policiers anglais de la Metropolitan Police, que vous reconnaîtrez de loin à leur uniforme bleu marine et leur haut casque bombé, sont chargés de faire régner l'ordre dans toute la ville, sauf dans le Square Mile, qui dispose de sa propre police. Première unité de police moderne au monde, la MET fut fondée en 1829 par ***sir Robert Peel***, et c'est d'ailleurs à lui que les officiers, couramment appelés les *bobbies*, doivent leur surnom – Bobby étant le diminutif de Robert en Angleterre. Pour découvrir

Les fameux bus de la capitale

son histoire fascinante, ainsi que l'évolution de son organisation et de ses missions au cours des deux derniers siècles, faites un tour au tout petit musée établi dans le centre de recrutement de Scotland Yard. Vous y trouverez de nombreux documents et objets historiques : des photos, d'anciens manuels d'instruction ou encore des armes du XIXe siècle.

32 **Empress State Building.** Empress Approach, Lillie Road, SW6 1TR. Métro : West Brompton. www.met.police.uk/history/metropolitan_historical_collection.html

red phone box

Les cabines téléphoniques rouges sont un des symboles les plus emblématiques de Londres, et si plusieurs modèles se sont succédé au fil des années, la plus classique et la plus connue est la K2, dont vous pourrez voir le prototype original sous le porche de la Royal Academy of Arts ! Créée par l'architecte sir Giles Gilbert Scott suite à un concours lancé par la Post Office en 1924, elle mesure deux mètres quarante de haut pour quatre-vingt centimètres de large et de profondeur. Trop chère à fabriquer, elle ne fut produite qu'en quantité limitée et son déploiement se restreignit à la ville de Londres. Les K6 feront leur arrivée en 1935, à l'occasion du jubilé du couronnement du roi George V, et seront alors installées dans tout le Royaume-Uni. Très peu utilisées aujourd'hui, les ***12 500 cabines restantes*** continuent de faire le bonheur des touristes, qui ne manquent pas une occasion de se prendre en photo à l'intérieur !

22 **Royal Academy of Arts.** Burlington House, W1J 0BD. Métro : Piccadilly Circus

BBC Broadcasting House

Fondée en 1922 pour informer, éduquer et divertir, la British Broadcasting Corporation (BBC ou « *beeb* » pour les intimes) était pendant plusieurs décennies la seule institution autorisée à diffuser sur les ondes au Royaume-Uni. Reconnue mondialement pour la qualité de ses programmes, elle compte aujourd'hui parmi les plus grands empires médiatiques. Si vous souhaitez découvrir l'envers du décor, je vous conseille un tour guidé de la BBC Broadcasting House : un magnifique ***bâtiment Art déco*** qui abrite le siège de la société de diffusion. En plus de la visite des studios et des bureaux de la rédaction, vous pourrez vous mettre dans la peau d'un présentateur météo ou d'un animateur radio ! Au fait, saviez-vous que c'est d'ici que Charles de Gaulle lança son appel à la résistance le 18 juin 1940 ?

29 **BBC Broadcasting House.** Portland Place, W1A 1AA. Métro : Oxford Circus. www.bbc.co.uk/tours

Le bâtiment Art Déco de la BBC Broadcasting House

tube map

Si le plan du métro londonien vous semble familier, c'est normal : il ressemble à quelques détails près à celui de toutes les autres métropoles européennes. Pourquoi ? Tout simplement parce qu'il leur a servi de modèle ! Henry Beck, un employé de Transport for London, fut le premier à réaliser, au début des années 1930, que la représentation des éléments de surface n'était pas pertinente pour les voyageurs cherchant simplement à se déplacer sous terre. Il décida donc de remplacer la traditionnelle carte géographique par un ***diagramme schématique***. Simplifié à l'extrême, il comprenait uniquement le nom des différentes stations ainsi que des lignes de couleur verticales, horizontales et diagonales. Testé auprès des utilisateurs du réseau, le plan fut rapidement adopté et, dès 1933, il était affiché dans toutes les stations de métro. Alors, on dit merci qui ?

33 Le plan original de Henry Beck est affiché dans la station Finchley Central, près de son ancien domicile. Vous le trouverez sur le quai de la Northern Line en direction de Morden

34 Une de ses premières ébauches est également exposée au Victoria & Albert Museum. Cromwell Road, SW7 2RL. Métro : South Kensington

Buckingham Palace

Saviez-vous que Buckingham Palace comprend au total 775 pièces, dont 19 salons d'apparat, 52 appartements réservés aux membres de la famille royale et à leurs invités, 188 chambres pour ses employés, 92 bureaux et 78 salles de bains ? Le palais dispose également d'une chapelle, d'un bureau de poste, d'une piscine, d'un cabinet médical et même d'un cinéma ! Côté jardin, vous trouverez une zone d'atterrissage pour hélicoptère, un cours de tennis et un lac. Un vrai palace ! Si vous rêvez d'y pénétrer, il faudra vous y prendre tôt et réserver un billet pour les ***journées portes ouvertes***. Celles-ci se déroulent chaque été en août et septembre, lorsque la reine part en vacances. Bien évidemment, vous n'aurez pas accès à toutes les salles, mais tout de même à dix-neuf d'entre elles, dont la salle du trône, la salle de banquet et la somptueuse galerie des portraits : Rubens, Rembrandt, et Vermeer y sont entre autres exposés.

35 **Buckingham Palace.** Métros : St James's Park/Victoria

La salle du trône de Buckingham Palace

Le Londres typique de David

David, 65 ans, a toujours vécu à Londres et connaît la ville comme sa poche. Rien d'étonnant, puisqu'il passe ses journées à parcourir la capitale au volant de son taxi ! Conduite à gauche, rencontres inattendues et virées aux quatre coins de la ville : une affaire qui roule pour lui !

Depuis combien de temps es-tu chauffeur de taxi ?
Depuis dix-sept ans ! Avant, j'étais typographe, mais malheureusement mes compétences ne sont plus très demandées par les temps qui courent, il a donc fallu que je change de métier.

Raconte-nous tes courses les plus folles.
J'ai eu plusieurs fois dans mon taxi des personnes qui voyagent tellement qu'elles en oublient la ville dans laquelle elles sont et sont incapables de se souvenir de l'hôtel dans lequel elles sont descendues. Dans ces cas-là, je leur pose des questions du type : « Est-ce que vous vous rappelez de la vue que vous avez depuis votre chambre ? » Un jour, j'ai aussi pris en charge un groupe d'architectes irlandais qui m'ont tendu la photo d'un bâtiment peu connu en guise d'adresse… j'ai réussi le défi !

As-tu déjà transporté des personnes célèbres ?
Oui, des dizaines. J'ai un petit carnet noir dans lequel je consigne le nom de toutes les célébrités qui sont montées dans mon taxi.

Ta rencontre la plus mémorable ?
Celle avec l'artiste Grayson Perry, célèbre lauréat du Turner Prize et plus connu sous le nom de *Transvestite Potter* (le potier travesti). Fidèle à lui-même, il était habillé comme Alice dans *Alice au Pays des Merveilles* !

Ta mission la plus insolite ?
La fois où j'ai transporté le buste en bronze de l'ancien Premier ministre Tony Blair !

Que te reste-t-il donc à découvrir de cette ville ?
Je suis fasciné par les nombreuses ruelles et petites cours secrètes qui existent à Londres. Certaines d'entre elles ne figurent même pas sur les cartes ! J'aimerais passer plus de temps à explorer la capitale à pied pour mieux connaître ses recoins cachés et secrets.

Un exemple ?
Goodwin's Court, située à deux pas de Covent Garden. C'est l'un des plus beaux alignements de maisons géorgiennes de la ville. Cette petite allée sombre a conservé tout son charme d'antan et semble tout droit sortie d'un roman de Charles Dickens.

Ton endroit préféré à Londres ?
Le zoo de Londres. Mon père et mon grand-père y étaient tous deux gardiens, et j'aime y emmener mon petit-fils.

Ton monument préféré ?
St Paul's Cathedral, de nuit.

Les lieux emblématiques de la capitale que tu recommanderais à un touriste ?
Le Shakespeare's Globe Theatre, les Houses of Parliament et le méridien de Greenwich.

Les choses à faire absolument lors d'un séjour à Londres ?
Prendre le thé chez Claridge's et passer la soirée dans l'un des nombreux théâtres de la ville.

Une idée de balade ?
Dans le quartier de St James, l'un des plus typiques de Londres ! Commencez par une promenade dans St James's Park, puis continuez en direction de St James's Palace pour aller saluer les gardes en uniforme qui surveillent son entrée. Ensuite, allez déjeuner au Red Lion, un pub à l'atmosphère de village, dont l'entrée très discrète se trouve sur Crown Passage.

Une visite hors des sentiers battus ?
Un tour de Smithfield Market, aux premières heures de la journée, suivi d'un *Full English breakfast* dans l'un des pubs du quartier.

Les adresses coup de cœur de David

- **Goodwin's Court**
  St Martin's Lane,
  Métro : Covent Garden
- **London Zoo**
  Regent's Park, NW1 4RY
  Métro : Camden Town
  www.zsl.org/zsl-london-zoo
- **St Paul's Cathedral**
  St Paul's Churchyard, EC4M 8AD
  Métro : St Paul's
  www.stpauls.co.uk
- **The Red Lion**
  23 Crown Passage (off Pall Mall),
  SW1Y 6PP
  Métro : Green Park
- **Claridge's**
  Brook Street, W1K 4HR
  Métro : Bond Street
  www.claridges.co.uk
- **Smithfield Market**
  Central Markets, EC1A 9PS
  Métro : Barbican
  www.smithfieldmarket.com

VOS SECRETS À VOUS

Les pages qui suivent vous sont destinées : notez-y vos découvertes, vos coups de cœur et vos meilleures adresses. Pour vous rappeler cette boutique où vous aviez savouré de merveilleuses pâtisseries…

THE
LONDON
PASS

Do you speak English? Parlez-vous anglais ?

Expressions idiomatiques anglaises

Il pleut des cordes	It is raining cats and dogs *(Il pleut des chats et des chiens)*
Filer à l'anglaise	To take the French leave *(Filer à la française)*
Pierre, Paul et Jacques	Tom, Dick and Harry
C'est la goutte d'eau qui fait déborder le vase	It's the last straw that breaks the camel's back *(C'est le dernier brin de paille qui brise le dos du chameau)*
Avoir une araignée au plafond	To have bats in the belfry *(Avoir des chauves-souris dans le beffroi)*
Faire d'une pierre deux coups	To kill two birds with one stone *(Tuer deux oiseaux d'une seule pierre)*
Merci mille fois	Thanks a million
On ne peut pas avoir le beurre et l'argent du beurre	You can't have your cake and eat it *(Tu ne peux pas avoir ton gâteau et le manger)*
Avoir la frite/Avoir la patate	To be full of beans *(Être plein de haricots)*
Coûter les yeux de la tête	To cost an arm and a leg *(Coûter un bras et une jambe)*
Un malheur ne vient jamais seul	When it rains, it pours *(Quand il pleut, il pleut à verse)*
Un de perdu, dix de retrouvés	There are plenty more fish in the sea *(Il y a plein d'autres poissons dans la mer)*

La cerise sur le gâteau	The icing on the cake *(Le glaçage sur le gâteau)*
Une fois tous les trente-six du mois	Once in a blue moon *(Une fois toutes les lunes bleues)*
Avoir un chat dans la gorge	To have a frog in one's throat *(Avoir une grenouille dans la gorge)*
Entendre une mouche voler	Hear a pin drop *(Entendre une épingle tomber)*
Être au septième ciel	To be on cloud nine *(Être sur le nuage numéro neuf)*
Avoir d'autres chats à fouetter	To have other fish to fry *(Avoir d'autres poissons à frire)*
Qui vole un œuf vole un bœuf	He that will steal a penny will steal a pound *(Qui vole un penny vole une livre)*
Être en terrain glissant	To skate on thin ice *(Faire du patin sur une fine glace)*
Quand les poules auront des dents	When pigs might fly *(Quand les cochons voleront)*
L'habit ne fait pas le moine	Don't judge a book by its cover *(Ne jugez pas un livre à sa couverture)*
Mettre les pieds dans le plat	To spill the beans *(Renverser les haricots)*
Avoir une case en moins	To have a screw loose *(Avoir une vis desserrée)*
Paris ne s'est pas fait en un jour	Rome wasn't built in a day *(Rome ne s'est pas construite en un jour)*
Tourner la page	To start a new chapter *(Ouvrir un nouveau chapitre)*
Simple comme bonjour	Easy as pie *(Simple comme une tarte)*

Hébergements et restaurants coup de cœur

RESTAURANTS

Est

- **Beigel Bake – Bagel – £**
  159 Brick Lane, London E1 6SB
  Train : Shoreditch High Street
  Tél. : +44 (0)20 7729 0616

- **E. Pellicci – Cuisine italienne – £**
  332 Bethnal Green Road
  London E2 0AG
  Métro : Bethnal Green
  Tél. : +44 (0)20 7739 4873

- **The Book Club – Snack-bar – £**
  100-106 Leonard Street
  London EC2A 4RH
  Métro : Old Street
  Train : Shoreditch High Street
  Tél. : +44 (0)20 7684 8618
  www.wearetbc.com

- **Song Que**
  Cuisine vietnamienne – £
  134 Kingsland Road
  London E2 8DY
  Train : Hoxton
  Tél. : +44 (0)20 7613 3222
  http://songque.co.uk

- **Fatboy's Diner**
  Diner-hamburger – £
  Trinity Buoy Wharf, 64 Orchard Place, London E14 0JW
  DLR : East India
  Tél. : +44 (0)20 7987 4334
  http://fatboysdiner.co.uk

- **The Modern Pantry**
  Petit déjeuner-brunch – ££
  48 St John's Square
  London EC1V 4JJ
  Métro : Farringdon
  Tél. : +44 (0)20 7553 9210
  www.themodernpantry.co.uk

- **Crate – Brasserie-pizzeria – £**
  Queen's Yard, Unit 7
  London E9 5EN
  Train : Hackney Wick
  Tél. : +44 (0)783 427 5687
  www.cratebrewery.com

- **Buen Ayre – Cuisine argentine – ££**
  50 Broadway Market
  London E8 4QJ
  Train : London Fields
  Tél. : +44 (0)20 7275 9900
  www.buenayre.co.uk

- **The Jugged Hare – Gastro-pub – ££**
  49 Chiswell Sreet
  London EC1Y 4SA
  Métro : Barbican
  Tél. : +44 (0)20 7614 0134
  www.thejuggedhare.com

- **The Princess of Shoreditch**
  Gastro-pub – ££
  76-78 Paul Sreet, London EC2A 4NE
  Métro : Old Street
  Tél. : +44 (0)20 7729 9270
  www.theprincessofshoreditch.com

- **Brawn – Bar à vin-restaurant – ££**
  49 Columbia Road, London E2 7RG
  Métros : Bethnal Green/Old Street
  Tél. : +44 (0)20 7729 5692
  www.brawn.co

- **The English Restaurant**
  Cuisine britannique – ££
  50/52 Brushfield Street
  London E1 6AG
  Métro : Liverpool Street
  Tél. : +44 (0)20 7247 4110
  www.theenglishrestaurant.com

- **Rochelle Canteen – Restaurant – ££**
  Rochelle School, Arnold Circus,
  London E2 7ES
  Métro : Old Street/Train: Hoxton
  Tél. : +44 (0)20 7729 5677
  www.arnoldandhenderson.com

- **Bistrotheque – Bar-restaurant – ££**
  23–27 Wadeson Street
  London E2 9DR
  Métro : Bethnal Green
  Train : Cambridge Heath
  Tél. : +44 (0)20 8983 7900
  www.bistrotheque.com

- **Hawksmoor – Bar-restaurant – £££**
  57 Commercial Street, London E1 6BJ
  Métro : Liverpool Street
  Train : Shoreditch High Street
  Tél. : +44 (0)20 7426 4850
  http://thehawksmoor.com

- **Sushisamba**
  Cuisine japonaise – £££
  Heron Tower, 110 Bishopsgate,
  London EC2N 4AY
  Métro : Liverpool Street
  Tél. : +44 (0)20 3640 7330
  http://sushisamba.com/location/london

- **Les Trois Garçons**
  Cuisine française – £££
  1 Club Row, London E1 6JX
  Train : Shoreditch High Street
  Tél. : +44 (0)20 7613 1924
  www.lestroisgarcons.com

Centre

- **Battersea Pie Station**
  Cuisine britannique – £
  Covent Garden, Lower ground floor
  London WC2E 8RA
  Métro : Covent Garden
  Tél. : +44 (0)20 7240 9566
  www.batterseapiestation.co.uk

- **The Scandinavian Kitchen**
  Cuisine scandinave – £
  61 Great Titchfield Street
  London W1W 7PP
  Métro : Oxford Circus
  Tél. : +44 (0)20 3538 8784
  www.scandikitchen.co.uk

- **Rosa's – Cuisine thaïlandaise – £**
  48 Dean Street
  London W1D 5BF
  Métro : Leicester Square
  Tél. : +44 (0)20 7494 1638
  http://rosaslondon.com

- **Busaba – Cuisine thaïlandaise – £**
  106-110 Wardour Street
  London W1F 0TR
  Métro : Tottenham Court Road
  Tél. : +44 (0)20 7255 8686
  http://busaba.com

- **Princi – Cuisine italienne – £**
  135 Wardour Street
  London W1F 0UT
  Métros : Leicester Square/
  Tottenham Court Road
  Tél. : +44 (0)20 7478 8888
  http://lgn1337619376.site-fusion.co.uk

- **Koya – Cuisine japonaise – £**
  49 Frith Street, London W1D 4SG
  Métro : Tottenham Court Road
  Tél. : +44 (0)20 7434 4463
  www.koya.co.uk

- **Fernandez & Wells**
  Café-bar à vin-snack – ££
  43 Lexington Street
  London W1F 9AL
  Métro : Piccadilly Circus
  Tél. : +44 (0)20 7734 1546
  www.fernandezandwells.com

- **Nopi – Cuisine méditerranéenne et moyen-orientale – ££**
  21-22 Warwick Street
  London W1B 5NE
  Métros : Oxford Circus/
  Picadilly Circus
  Tél. : +44 (0)20 7494 9584
  www.nopi-restaurant.com

- **Four Seasons – Cuisine chinoise – £**
  12 Gerrard Street
  London W1D 5PR
  Métro : Leicester Square
  Tél. : +44 (0)20 7494 0870
  www.fs-restaurants.co.uk

- **Maroush – Cuisine libanaise – ££**
  21 Edgware Road, London W2 2JE
  Métro : Marble Arch
  Tél. : +44 (0)20 7723 5024
  www.maroush.com

- **La Boda Negra**
  Cuisine mexicaine – ££
  16 Moor Street, London W1D 5NH
  Métro : Leicester Square
  Tél. : +44 (0)20 7758 4100
  www.labodeganegra.com

- **The Riding House Café**
  Café-restaurant – ££
  43-51 Great Titchfield Street
  London W1W 7PQ
  Métros : Goodge Street/Oxford Circus
  Tél. : +44 (0)20 7927 0840
  www.ridinghousecafe.co.uk

- **Royal Academy of Arts Restaurant**
  Cuisine britannique – ££
  Burlington House, London W1J 0BD
  Métros : Green Park/Piccadilly Circus
  Tél. : +44 (0)20 7300 8000
  www.royalacademy.org.uk/planyourvisit

- **Vinoteca**
  Bar à vin-restaurant – ££
  15 Seymour Place, London W1H 5BD
  Métro : Marble Arch
  Tél. : +44 (0)20 7724 7288
  www.vinoteca.co.uk

- **Barrica**
  Cuisine espagnole-tapas – ££
  62 Goodge Street, London W1T 4NE
  Métro : Goodge Street
  Tél. : +44 (0)20 7436 9448
  www.barrica.co.uk

- **Dishoom – Cuisine indienne – £**
  12 Upper St Martin's Lane
  London WC2H 9FB
  Métro : Covent Garden
  Tél. : +44 (0)20 7420 9320
  www.dishoom.com

- **Paramount – Restaurant – £££**
101-103 New Oxford Street
London WC1A 1DD
Métro : Tottenham Court Road
Tél. : +44 (0)20 7420 2900
www.paramount.uk.net

- **Sketch – Restaurant – £££**
9 Conduit Street, London W1S 2XG
Métros : Piccadilly Circus/
Oxford Circus
Tél. : +44 (0)20 7659 4500
http://sketch.uk.com

- **Barbecoa – Cuisine britannique-grillades – £££**
20 New Change, London EC4M 9AG
Métro : St Paul's
Tél. : +44 (0)20 3005 8555
www.barbecoa.com

- **Bob Bob Ricard**
Cuisine britannique – £££
1 Upper James Street
London W1F 9DF
Métros : Piccadilly Circus/
Oxford Circus
Tél. : +44 (0)20 3145 1000
http://bobbobricard.com

- **Burger & Lobster**
Restaurant – £££
29 Clarges Street, London W1J 7EF
Métro : Green Park
Tél. : +44 (0)20 7409 1699
www.burgerandlobster.com

- **The Wolseley**
Café-restaurant – £££
160 Piccadilly, London W1J 9EB
Métro : Green Park
Tél. : +44 (0)20 7499 6996
www.thewolseley.com

- **The Providores and Tapa Room**
Café-restaurant fusion – £££
109 Marylebone High Street, London
W1U 4RX
Métros : Baker Street/Bond Street
Tél. : +44 (0)20 7935 6175
www.theprovidores.co.uk

- **The Ivy – Restaurant – ££££**
1-5 West Street, London WC2H 9NQ
Métros : Covent Garden/
Leicester Square
Tél. : +44 (0)20 7836 4751
www.the-ivy.co.uk

Nord

- **Afghan Kitchen**
Cuisine afghane – £
35 Islington Green, London N1 8DU
Métros : Angel/Highbury & Islington
Tél. : +44 (0)20 7359 8019

- **Wagamama – Cuisine japonaise – £**
11 jamestown Road
London NW1 7BW
Métro : Camdem Town
Tél. : +44 (0)20 7428 0800
www.wagamama.com

- **The Lansdowne**
Cuisine britannique-pizzeria – £
90 Gloucester Avenue
London NW1 8HX
Métro : Chalk Farm
Tél. : +44 (0)20 7483 0409
www.thelansdownepub.co.uk

- **Rasa – Cuisine indienne – £**
55 Stoke Newington Church Street
London N16 0AR
Train : Stoke Newington
Tél. : +44 (0)20 7249 0344
www.rasarestaurants.com

- **The Narrow Boat – Gastro-pub – ££**
  119 St Peter's Street
  London N1 8PZ
  Métro : Angel
  Tél. : +44 (0)20 7400 6003
  http://thenarrowboatpub.com

- **Dotori – Cuisine asiatique – ££**
  3 Stroud Green Road
  London N4 2DQ
  Métro : Finsbury Park
  Tél. : +44 (0)20 7263 3562

- **Made in Camden – Restaurant – ££**
  Roundhouse, Chalk Farm Road
  London NW1 8EH
  Métro : Chalk Farm
  Tél. : +44 (0)20 7424 8495
  www.madeincamden.com

- **Ottolenghi**
  Cuisine méditerranéenne
  et moyen-orientale – ££
  287 Upper Street
  London N1 2TZ
  Métros : Angel/Highbury & Islington
  Tél. : +44 (0)20 7288 1454
  www.ottolenghi.co.uk

- **Villa Bianca – Cuisine italienne – ££**
  1 Perrins Court
  London NW3 1QS
  Métro : Hampstead
  Tél. : +44 (0)20 7435 3131
  www.villabiancanw3.com

- **The Bull & Last – Gastro-pub – ££**
  168 Highgate Road
  London NW5 1QS
  Métro : Tufnell Park
  Train : Gospel Oak
  Tél. : +44 (0)20 7267 3641
  www.thebullandlast.co.uk

- **The Albion – Gastro-pub – ££**
  10 Thornhill Road, London N1 1HW
  Métros : Angel/Highbury & Islington
  Tél. : +44 (0)20 7607 7450
  http://the-albion.co.uk

- **The Spaniards Inn**
  Pub traditionnel – ££
  Spaniards Road, Hampstead
  London NW3 7JJ
  Métro : Hampstead
  Tél. : +44 (0)20 8731 8406
  www.thespaniardshampstead.co.uk

- **Farmer Tom's Kitchen**
  The Abbey Tavern – Gastro-pub – ££
  The Abbey Tavern
  124 Kentish Town Road
  London NW1 9QB
  Métro : Kentish Town
  Tél. : +44 (0)20 7267 9449
  www.farmertomjones.com

- **Moro – Cuisine méditerranéenne – ££**
  34-36 Exmouth Market
  London EC1R 4QE
  Métro : Angel
  Tél. : +44 (0)20 7833 8336
  www.moro.co.uk

- **Odette's – Restaurant – ££**
  130 Regents Park Road
  London NW1 8XL
  Métro : Chalk Farm
  Tél. : +44 (0)20 7586 8569
  www.odettesprimrosehill.com

- **Gilgamesh Restaurant Bar & Lounge**
  Cuisine asiatique – £££
  The Stables Market
  Chalk Farm Road, London NW1 8AH
  Métros : Camden Town/Chalk Farm
  Tél. : +44 (0)20 7428 4922
  www.gilgameshbar.com

Sud

- **Franco Manca – Pizzeria – £**
  Unit 4, Market Row, London SW9 8LD
  Métro : Brixton
  Tél. : +44 (0)20 7738 3021
  www.francomanca.co.uk

- **The Refinery – Bar-restaurant – £**
  110 Southwark Street
  London SE1 0TF
  Métro : Southwark
  Tél. : +44 (0)845 468 0186
  www.therefinerybar.co.uk

- **Mamouska! – Cuisine polonaise – £**
  Elephant & Castle Shopping Centre
  London SE1 6TE
  Métro : Elephant & Castle
  Tél. : +44 (0)20 3602 1898
  http://mamuska.net

- **Canteen – Cuisine britannique – ££**
  Royal Festival Hall, Belvedere Road
  London SE1 8XX
  Métro : Waterloo
  Tél. : +44 (0)845 686 1122
  www.canteen.co.uk

- **Big Red Pizza Bar – Pizzeria – £**
  30 Deptford Church Sreet
  London SE8 4RZ
  DLR : Deptford Bridge
  Tél. : +44 (0)20 3490 8346
  www.bigredpizza.co.uk

- **Swan Bar & Chophouse**
  Bar-restaurant – ££
  Shakespeare's Globe
  21 New Globe Walk
  London SE1 9DT
  Métro : London Bridge
  Tél. : +44 (0)20 7928 9444
  www.loveswan.co.uk

- **Baltic – Bar-restaurant – ££**
  74 Blackfriars Road
  London SE1 8AH
  Métro : Borough
  Tél. : +44 (0)20 7928 1111
  www.balticrestaurant.co.uk

- **No 67 – Café-restaurant – ££**
  South London Gallery
  67 Peckham Road
  London SE5 8UH
  Métro : Peckham Rye
  Tél. : +44 (0)20 7703 6120
  www.number67.co.uk

- **Brunswick House Café**
  Bar-restaurant – ££
  30 Wandsworth Road
  London SW8 2LG
  Métro : Vauxhall
  Tél. : +44 (0)20 7720 2926
  www.brunswickhousecafe.com

- **The Woodman – Gastro-pub – ££**
  60 Battersea High Sreet
  London SW11 3HX
  Métro : Clapham Junction
  Tél. : +44 (0)20 7228 2968
  www.woodman-battersea.co.uk

- **Haché – Burgers – ££**
  153 Clapham High Street
  London SW4 7SS
  Métro : Clapham Common
  Tél. : +44 (0)20 7720 7766
  www.hacheburgers.com

- **Village East – Bar-restaurant – ££**
  171-173 Bermondsey Sreet
  London SE1 3UW
  Métros : Bermondsey/London Bridge
  Tél. : +44 (0)20 7357 6082
  www.villageeast.co.uk

- **Tapas Brindisa**
  Cuisine espagnole-tapas – ££
  18-20 Southwark Street
  London SE1 1TJ
  Métro : London Bridge
  Tél. : +44 (0)20 7357 8880
  www.brindisa.com

- **The Anchor & Hope**
  Gastro-pub – ££
  36 The Cut, London SE1 8LP
  Métro : Southwark
  Tél. : +44 (0)20 7928 9898

- **Ping Pong**
  Cuisine chinoise-dim sum – ££
  Festival Terrace
  Belvedere Road
  London SE1 8XX
  Métro : Waterloo
  Tél. : +44 (0)20 7960 4160
  www.pingpongdimsum.com

- **The Table Café – Brunch-cuisine italienne – ££**
  83 Southwark Street
  London SE1 0HX
  Métro : Southwark
  Tél. : +44 (0)20 7401 2760
  www.thetablecafe.com

- **Gaucho – Cuisine argentine – £££**
  2 More London Riverside
  London SE1 2AP
  Métro : London Bridge
  Tél. : +44 (0)20 7407 5222
  www.gauchorestaurants.co.uk

- **Cantina Vinopolis**
  Bar à vin-restaurant – £££
  1 Bank End, London SE1 9BU
  Métro : London Bridge
  Tél. : +44 (0)20 7940 8333
  www.cantinavinopolis.com

Ouest

- **Books for Cooks**
  Restaurant-librairie – £
  4 Blenheim Crescent
  London W11 1NN
  Métro : Ladbroke Grove
  Tél. : +44 (0)20 7221 1992
  www.booksforcooks.com

- **The Shed – Restaurant – £**
  122 Palace Gardens Terrace
  London W8 4RT
  Métro : Notting Hill Gate
  Tél. : +44 (0)20 7229 4024
  http://theshed-restaurant.com

- **Lucky Seven – Diner – £**
  127 Westbourne Park Road
  London W2 5QL
  Métros : Ladbroke Grove/
  Westbourne Park
  Tél. : +44 (0)20 7727 6771
  www.lucky7london.co.uk

- **Stein's – Cuisine germanique – £**
  55 Richmond Towpath
  London TW10 6UX
  Métro : Richmond
  Tél. : +44 (0)20 8948 8189
  www.stein-s.com

- **Kerbisher & Malt**
  Fish & chips – £
  164 Shepherds Bush Road
  London W6 7PB
  Métros : Goldhawk Road/
  Hammersmith
  Tél. : +44 (0)20 3556 0228
  www.kerbisher.co.uk

- **The Alice House**
  Café-restaurant – ££
  53-55 Salusbury Road
  London NW6 6NJ
  Métro : Queen's Park
  Tél. : +44 (0)20 7624 0008
  www.thealicehouse.co.uk

- **Tom's Deli – Boulangerie-café – ££**
  226 Westbourne Grove
  London W11 2RH
  Métros : Notting Hill Gate/
  Ladbroke Grove
  Tél. : +44 (0)20 7221 8818
  www.tomsdeli.co.uk

- **Bumpkin – Cuisine britannique – ££**
  102 Old Brompton Road
  London SW7 3RD
  Métros : Gloucester Road/
  South Kensington
  Tél. : +44 (0)20 7341 0802
  www.bumpkinuk.com

- **Le Bistrot – Cuisine française – ££**
  Institut français, 17 Queensberry
  Place, London SW7 2DT
  Métro : South Kensington
  Tél. : +44 (0)20 7589 9996
  www.couturebistrot.com

- **The Ship – Pub – ££**
  41 Jew's Row, London SW18 1TB
  Train : Wandsworth Town
  Tél. : +44 (0)20 8870 9667
  www.theship.co.uk

- **The Gate**
  Restaurant végétarien – ££
  51 Queen Caroline Street
  London W6 9QL
  Métro : Hammersmith
  Tél. : +44 (0)20 8748 6932
  http://thegaterestaurants.com

- **The Hampshire Hog**
  Gastro-pub – ££
  227 King Street
  London W6 9JT
  Métro : Hammersmith
  Tél. : +44 (0)20 8748 3391
  www.thehampshirehog.com

- **The Harwood Arms**
  Gastro-pub – £££
  Walham Grove
  London SW6 1QP
  Métro : Fulham Broadway
  Tél. : +44 (0)20 7386 1847
  www.harwoodarms.com

- **Maggie Jones's**
  Cuisine britannique – £££
  6 Old Court Place
  Kensington Church Sreet
  London W8 4PL
  Métro : High Street Kensington
  Tél. : +44 (0)20 7937 6462
  www.maggie-jones.co.uk

- **The River Café**
  Cuisine italienne – £££
  Thames Wharf, Rainville Road
  London W6 9HA
  Métro : Hammersmith
  Tél. : +44 (0)20 7386 4200
  www.rivercafe.co.uk

- **Petersham Nurseries Café and Tea House – Restaurant-salon de thé – £££**
  Church Lane, Off Petersham Road
  Surrey TW10 7AG
  Métro : Richmond
  Tél. : +44 (0)20 8940 5230
  www.petershamnurseries.com

- **Bibendum – Restaurant-bar à huîtres – ££££**
  Michelin House, 81 Fulham Road
  London SW3 6RD
  Métro : South Kensington
  Tél. : +44 (0)20 7581 5817 (restaurant)/
  +44 (0)20 7589 1480 (bar à huîtres)
  www.bibendum.co.uk

- **Cassis Bistro**
  Bistro-restaurant – ££££
  232-236 Brompton Road
  London SW3 2BB
  Métro : South Kensington
  Tél. : +44 (0)20 7581 1101
  www.cassisbistro.co.uk

- **Dinner by Heston Blumenthal**
  Cuisine britannique – ££££
  Mandarin Oriental Hyde Park
  66 Knightsbridge
  London SW1X 7LA
  Métro : Knightsbridge
  Tél. : +44 (0)20 7201 3833
  www.dinnerbyheston.com

HÔTELS

Centre

- **The Sumner – Boutique-hôtel – ££**
  54 Upper Berkeley Street
  London W1H 7QR
  Métro : Marble Arch
  Tél. : +44 (0)20 7723 2244
  www.thesumner.com

- **Myhotel Bloomsbury – Hôtel – ££**
  13 Bayley Street
  London WC1B 3HD
  Métros : Goodge Street/ Tottenham Court Road
  Tél. : +44 (0)20 3004 6000
  www.myhotels.com/my-hotel-bloomsbury

- **Rough Luxe – B&B – ££**
  1 Birkenhead Street
  London WC1H 8BA
  Métro : King's Cross St Pancras
  Tél. : +44 (0)20 7837 5338
  www.roughluxe.co.uk

- **Dean Street Town House**
  Boutique-hôtel – ££
  69-71 Dean Street, London W1D 3SE
  Métro : Piccadilly Circus
  Tél. : +44 (0)20 7434 1775
  www.deanstreettownhouse.com

- **St John Hotel – Boutique-hôtel – ££**
  1 Leicester Street, London WC2H 7BL
  Métro : Leicester Square
  Tél. : +44 (0)20 3301 8020
  www.stjohnhotellondon.com

- **Hazlitt's – Boutique-hôtel – £££**
  6 Frith Street, Soho Square
  London W1D 3JA
  Métro : Tottenham Court Road
  Tél. : +44 (0)20 7434 1771
  www.hazlittshotel.com

- **Charlotte Street Hotel**
  Boutique-hôtel – ££££
  15 Charlotte Street, London W1T 1RJ
  Métro : Goodge Street
  Tél. : +44 (0)20 7806 2000
  www.firmdalehotels.com

- **St Ermin's Hotel – Hôtel – ££££**
  2 Caxton Street, London SW1H 0QW
  Métro : St James's Park
  Tél. : +44 (0)20 7222 7888
  www.sterminshotel.co.uk

- **W Hotel – Hôtel – ££££**
  10 Wardour Street, London W1D 6QF
  Métros : Leicester Square/
  Piccadilly Circus
  Tél. +44 (0)20 7758 1000
  www.wlondon.co.uk

- **Corinthia Hotel – Hôtel – ££££**
  10 Whitehall Place, London SW1A 2BD
  Métros : Charing Cross/Embankment
  Tél. : +44 (0)20 7930 8181
  www.corinthialondon.com

Ouest

- **YHA Holland Park**
  Auberge de jeunesse – £
  Holland Walk, London W8 7QU
  Métro : Holland Park
  Tél. : +44 (0)845 371 9122
  www.yha.org.uk/hostel/
  london-holland-park

- **White House London B&B – B&B – £**
  41 Rosaline Road
  London SW6 7QS
  Métro : Fulham Broadway
  Tél. : +44 (0)20 7385 8005
  www.whitehouselondonbandb.com

- **Lux Pod – B&B – ££**
  38 Gloucester Road
  London SW7 4QT
  Métro : Gloucester Road
  Tél. : +44 (0)20 7460 3171
  www.theluxpod.com

- **The Garret at The Troubadour**
  B&B – ££
  263-267 Old Brompton Road
  London SW5 9JA
  Métro : West Brompton
  Tél. : +44 (0)20 7370 1434
  https://troubadour.co.uk

- **The Mayflower Hotel – Hôtel – ££**
  26-28 Trebovir Road
  London SW5 9NJ
  Métro : Earl's Court
  Tél. : +44 (0)20 7370 0991
  www.mayflower-group.co.uk

- **Miller's Hotel – B&B – ££**
  111A Westbourne Grove
  London W2 4UW
  Métro : Bayswater
  Tél. : +44 (0)20 7243 1024
  www.millershotel.com

- **Myhotel Chelsea – Hôtel – £££**
  35 Ixworth Place
  London SW3 3QX
  Métro : South Kensington
  Tél. : +44 (0)20 7225 7500
  www.myhotels.com/my-hotel-chelsea

- **The Portbello Hotel**
  Boutique-hôtel – £££
  22 Stanley Gardens
  London W11 2NG
  Métros : Holland Park/
  Notting Hill Gate
  Tél. : +44 (0)20 7727 2777
  www.portobellohotel.com

- **Number Sixteen**
  Boutique-hôtel – £££
  16 Sumner Place, London SW7 3EG
  Métro : South Kensington
  Tél. : +44 (0)20 7589 5232
  www.firmdalehotels.com/london/
  number-sixteen

- **The Petersham Hotel**
  Boutique-hôtel – £££
  Nightingale Lane, Surrey TW10 6UZ
  Train : Richmond
  Tél. : +44 (0)20 8940 7471
  www.petershamhotel.co.uk

Est

- **Russel's of Clapton – B&B – £**
  123 Chatsworth Road
  London E5 0LA
  Train : Homerton
  Tél. : +44 (0)797 666 9906
  http://russellsofclapton.com

- **Fox & Anchor – B&B – ££**
  115 Charterhouse Street
  London EC1M 6AA
  Métro : Barbican
  Tél. : +44 (0)20 7250 1300
  www.foxandanchor.com

- **Cable Street Inn – B&B – ££**
  232 Cable Street, London E1 0BL
  DLR : Shadwell
  Tél. : +44 (0)20 7790 4019
  www.cablestreetinn.co.uk

- **The Rookery Hotel**
  Boutique-hôtel – ££
  12 Peter's Lane, Cowcross Street
  London EC1M 6DS
  Métros : Barbican/Farringdon
  Tél. : +44 (0)20 7336 0931
  www.rookeryhotel.com

- **40 winks – B&B – ££**
  109 Mile End Road, London E1 4UJ
  Métro : Stepney Green
  Tél. : +44 (0)20 7790 0259
  www.40winks.org

- **Hoxton Hotel – Boutique-hôtel – ££**
  81 Great Eastern Street
  London EC2A 3HU
  Métro : Old Street
  Tél. : +44 (0)20 7550 1000
  www.hoxtonhotels.com

- **Shoreditch Rooms**
  Boutique-hôtel – £££
  Shoreditch House, Ebor Street
  London E1 6AW
  Métro : Liverpool Street
  Train : Shoreditch High Street
  Tél. : +44 (0)20 7739 5040
  www.shoreditchhouse.com

- **The Zetter Hotel and Town House**
  Boutique-hôtel – £££
  St John's Square
  86-88 Clerkenwell Road
  London EC1M 5RJ
  Métro : Farringdon
  Tél. : +44 (0)20 7324 4444
  www.thezetter.com

- **The Boundary**
  Boutique-hôtel – £££
  2-4 Boundary Street
  London E2 7DD
  Métro : Liverpool Street
  Train : Shoreditch High Street
  Tél. : +44 (0)20 7729 1051
  www.theboundary.co.uk

- **Andaz Liverpool – Hôtel – £££**
  40 Liverpool Street
  London EC2M 7QN
  Métro : Liverpool Street
  Tél. : +44 (0)20 7961 1234
  http://london.liverpoolstreet.andaz.hyatt.com

Nord

- **Palmers Lodge Swiss Cottage**
  Auberge de jeunesse – £
  40 College Crescent
  London NW3 5LB
  Métros : Swiss Cottage/Finchley Road
  Tél. : +44 (0)20 7483 8470
  http://palmerslodges.com/swisscottage/hostel

- **66 Camden Square – B&B – £**
  66 Camden Square
  London NW1 9XD
  Métro : Camden Town
  Tél. : +44 (0)20 7485 4622

- **La Gaffe Hotel – B&B – ££**
  107-111 Heath Street
  London NW3 6SS
  Métro : Hampstead
  Tel : +44 (0)20 7435 8965
  www.lagaffe.co.uk

- **The Rose & Crown – B&B – ££**
  199 Stoke Newington Church Street
  London N16 9ES
  Train : Stoke Newington
  Tél. : +44 (0)20 7923 3337
  www.roseandcrownn16.co.uk

- **York & Albany**
  Boutique-hôtel – £££
  127-129 Parkway
  London NW1 7PS
  Métro : Camden Town
  Tél. : +44 (0)20 7387 5700
  www.gordonramsay.com/yorkandalbany

- **St Pancras Renaissance London Hotel – Hôtel – £££**
  Euston Road, London NW1 2AR
  Métro : King's Cross St Pancras
  Tél. : +44 (0)20 7841 3540
  www.marriott.com/hotels/travel/lonpr-st-pancras-renaissance-london-hotel

Sud

- **St Alfeges – B&B – £**
  16 St Alfege Passage
  London SE10 9JS
  DLR : Cutty Sark
  Tél. : +44 (0)20 8853 4337
  www.st-alfeges.co.uk

- **Church Street Hotel – B&B – £**
  29-33 Camberwell Church Street,
  London SE5 8TR
  Train : Denmark Hill
  Tél. : +44 (0)20 7703 5984
  www.churchstreethotel.com

- **Peckham Lodge Hotel – Hôtel – £**
110 Peckham Road
London SE15 5AD
Train : Peckham Rye
Tél. : +44 (0)20 8166 0990
www.peckhamlodgelondon.com

- **Captain Bligh House – B&B – ££**
100 Lambeth Road, London SE1 7PT
Métro : Lambeth North
Tél. : +44 (0)20 7928 2735
www.captainblighhouse.co.uk

- **Bermondsey Square Hotel**
Boutique-hôtel – ££
Tower Bridge Road, London SE1 3UN
Métro : Borough
Tél. : +44 (0)20 7378 2450
www.bermondseysquarehotel.co.uk

- **Citizen M Bankside**
Boutique-hôtel – ££
20 Lavington Street
London SE1 0NZ
Métros : Southwark/London Bridge
Tél. : +44 (0)20 3519 1680
www.citizenm.com/london-bankside

- **Eccleston Square Hotel**
Boutique-hôtel – £££
37 Eccleston Square
London SW1V 1PB
Métros : Pimlico/Victoria
Tél. : +44 (0)20 3489 1000
www.ecclestonsquarehotel.com

Index géographique

A

Aldgate
- Brick Lane Jamme Masjid : 172

Aldgate East
- Brick Lane Market : 122
- Christ Church Spitalfields : 175
- Rough Trade East : 65
- Whitechapel Bell Foundry : 210

Angel
- Brill : 141
- Candid Café : 140
- Clark's : 135
- Goddards : 135
- Little Angel Theatre : 75
- Northampton Square Garden : 66
- Penhaligon's (parfumerie) : 202
- Sadler's Wells Theatre : 71
- The Breakfast Club : 132
- The King's Head Theatre : 74

B

Baker Street
- Regent's Park, Open Air Theatre : 75
- Sherlock Holmes Museum : 58

Bank
- Bank of England Museum : 53
- Docklands London Railway : 21
- Lloyd's of London : 88
- Mansion House : 83, 191
- The Royal Exchange : 98

Barbican
- Barbican Conservatory & Garden Room : 161
- Barbican Estate : 90
- Electroacoustic Club : 62
- Smithfield Market : 121
- Smiths of Smithfield : 121
- St Barholomew-the-Great : 176
- St John : 129
- The Slaughtered : 62

Barnes
- WWT London Wetland Centre : 3

Battersea Park
- Pump House Gallery : 47
- The Doodle Bar : 148

Bermondsey
- Maltby Street Market : 124

Bethnal Green
- Broadway Market : 127

Blackfriars
- Doggett's Coat and Badge : 192
- Millennium Bridge : 89
- Oxo Tower : 109
- Shakespeare's Globe Theatre Museum : 54
- Ye Olde Cheshire Cheese : 146

Blackwall
- Billingsgate Market : 122

Bond Street
- Claridge's : 138
- Smythson (papeterie) : 206

Borough
- M. Manze : 135

Brixton
- Brixton Market : 123
- The Windmill : 65

C

Cambridge Heath Station
- Hackney City Farm : 166

Camden Town
- Camden Lock Market, West Yard : 124
- Cecil Sharp House : 64
- London Waterbus Company : 28
- Regent's Canal : 28

Canada Water
- Surrey Docks City Farm : 166

Canary Wharf
- Canary Wharf : 23
- Charbonnel et Walker (chocolatier) : 203

Chalk Farm
- Bonfire Night : 194
- London Kayak Tours : 30
- Primrose Bakery : 145
- Primrose Hill : 111, 194
- Proud Camden : 67

Chancery Lane
- Dr Johnson's House : 37
- Lincoln's Inn : 167
- Ye Olde Mitre : 147

Charing Cross
- A Conversation with Oscar Wilde (statue) : 103
- amiral Nelson (statue) : 200
- Banqueting House : 84
- Benjamin Franklin House : 43
- Fourth Plinth Project : 100
- Institute of Contemporary Arts : 51
- National Gallery : 44
- Nelson's Column : 104
- Savoy : 138
- Savoy Court : 212
- Shell Mex House : 94
- St Martin-in-the-Fields : 177
- The Courtauld Gallery : 142
- Trafalgar Square : 200
- Trooping the Colour : 196
- Westminster Morris Men : 192

Charlton
- Thames Barrier Visitor and Learning Centre : 16

Chiswick
- Chiswick House : 83

Clapham Common
- Sōseki Museum : 43

Clapton
- Springfield Park : 30

Covent Garden
- Circus : 70
- London Transport Museum : 214
- Neals Yard Dairy (fromagerie) : 203
- Penhaligon's (parfumerie) : 202
- Rules : 134
- St Paul's Church : 176
- The Poetry Café : 71
- The Rock & Sole Plaice : 132

Crossharbour : 166
- Mudchute Park & Farm : 166

Cutty Sark
- Cutty Sark : 4
- Goddards : 135
- Greenwich : 22, 24
- Greenwich Park : 112
- National Maritime Museum : 24
- Old Royal Naval College : 24

- Royal Observatory : 112
- The Old Brewery : 155

D

Dalston Juction
- FARM:shop : 144

Deptford
- The Deptford Project : 142

Devons Road
- The Widow's Son : 199

E

East India
- Container City : 96
- Trinity Buoy Wharf : 15

Eltham
- Eltham Palace : 81

Embankment
- cabmen's shelter : 211
- Cleopatra's Needle : 106
- Gordon's Wine Bar : 147
- Victoria Embankment Gardens : 3, 12

Euston
- Wellcome Collection : 99

Euston Square
- Grant Museum Zoology : 57
- Petrie Museum of Egyptian Archaeology : 56

F

Farringdon
- Brill : 141
- Clark's : 135
- St John : 129
- The Jerusalem Tavern : 153
- The Zetter Townhouse : 150

Finchley Central
- métro, plan original : 218

Finsbury Fullback
- Faltering Fullback : 154

G

Goodge Street
- Bourne & Hollingsworth : 152
- Pollock's Toy Museum : 53

Gospel Oak
- Parliament Hill Farmers' Market : 127

Great Portland Street
- Regent's Place : 99

Green Park
- Asprey (joaillerie) : 207
- Bates (chapelier) : 204
- Berry Bros. & Rudd (caviste) : 207
- Brown's Hotel : 138
- Burlington Arcade : 91
- Charbonnel et Walker (chocolatier) : 203
- Clarence House : 84
- Lock & Co (chapelier) : 204
- Rose Bakery : 137
- Street Market : 137
- The Allies (statue) : 101
- The American Bar : 154
- The Ritz : 138
- The Royal Shopping Arcade : 203

H

Hackney Downs
- Banner Repeater : 50

Hackney Wick
- Forman's Smokehouse Gallery : 30
- The Counter Café : 30

Haggerston
- Holy Tinity Church in Dalston : 178
- Towpath Café : 27

Hammersmith
- Hammersmith : 13, 14
- The Boat Race : 190
- The Dove : 13
- The Old Ship : 13

Hampstead
- 2 Willow Road : 96
- Hampstead Heath : 168
- Keats House : 39
- Parliament Hill : 168
- The Holly Bush : 136

Hampton Court
- Hampton Court Palace : 82

Highbury & Islington
- Estorick Collection : 47
- Union Chapel : 63

Highgate
- Highgate Cemetery : 184
- Highgate Wood : 166

High Street Kensington
- Leighton House Museum : 40
- Linley Sambourne House : 40
- The Roof Gardens : 162

Holborn
- British Museum : 106
- Cartoon Museum : 55
- James Smith & Sons (parapluie) : 204
- Sir John Soane's Museum : 38
- The Fryers Delight : 132

Holland Park
- Kyoto Garden, Holland Park : 164

Hoxton
- Columbia Road Flower Market & Shops : 128
- Geffrye Museum : 52
- Hitchcock's Head : 107

Hyde Park Corner
- Apsley House : 87
- Galvin at Windows : 115
- Hard Rock Café : 57
- Wellingon Arch : 93

I

Island Gardens
- Greenwich Foot Tunnel : 22

K

Kensal
- Kensal Green Cemetery : 180

Kensington
- Leighton House Museum : 40

Kentish Town
- Kentish Town City Farm : 166

King's Cross St Pancras
- British Library : 89, 99
- Camley Street Natural Park : 31
- Drink, Shop & Do : 140
- Gagosian Gallery : 45
- Joseph Grimaldi Park : 178
- Renaissance Hotel : 90

- St Pancras International : 90
- Tarporley (péniche) : 31

Knightsbridge
- Berkeley : 138
- The Berkeley : 111

L

Ladbroke
- Electric Cinema : 69

Lambeth North
- Lambeth Palace : 86

Lancaster Gate
- Hyde Park's Pet Cemetery : 183
- Hyde Park Stables : 193
- Peter Pan (statue) : 100
- St John's Church : 193
- St John's Hyde Park : 193

Leicester Square
- National Portrait Gallery : 109
- Notre Dame de France : 177
- Rules : 134

Liverpool Street
- A.Gold (épicerie) : 208
- Albion : 130
- Charbonnel et Walker (chocolatier) : 203
- Dennis Servers' House : 36
- Lloyd's of London : 88
- Rough Trade East : 65
- Spitalfields City Farm : 190
- The Breakfast Club : 132
- The Goat Race : 190
- The Mayor of The Scaredy Cat Town : 148
- Tower 42 : 108
- Vertigo 42 : 108

London Bridge
- Blueprint Café : 24
- Borough Market : 131
- City Hall : 114
- Design Museum : 24
- Guy's Hospital : 12
- Hay's Galleria : 18
- HMS Belfast : 20
- London Bridge : 12
- Monument to the Unkown Artist : 105
- Neals Yard Dairy (fromagerie) : 203
- Roast : 131
- Shakespeare's Globe Theatre Museum : 54
- Southwark Bridge : 6
- The George Inn : 152
- The Golden Hinde : 17
- The Old Operating theatre Museum : 58

M

Marble Arch
- Hyde Park, Speakers' Corner : 198

Marylebone
- The Sea Shell of Lisson Grove : 132

Mile End
- Victoria Park : 12, 30

Monument
- Leadenhall Market : 95
- Monument : 110
- St Dunstan-in-the-East : 164
- St Magnus-the-Martyr : 12

Moorgate
- Guidhall Art Gallery : 46

N

Neasden
- BAPS Shri Swaminarayan : 171

New Cross Gate
- The Old Police Station : 50

Notting Hill Gate
- Daylesford Farmshop & Café : 144
- Museum of Brands, Packaging and Advertising : 55

O

Old Street
- Bunhill Fields : 181
- Columbia Road Flower Market & Shops : 128
- Fifteen : 131
- Geffrye Museum : 52
- The Breakfast Club : 132
- The Nightjar : 64
- Village Underground : 48
- Vintage Heaven : 128
- Wesley's Chapel : 170

Oxford Circus
- BBC Broadcasting House : 216
- Broad Street Pump : 102
- cabmen's shelter : 211
- Hamleys (jouets) : 208
- Liberty : 94
- Photographers' Gallery : 47
- Sanderson : 138
- The Breakfast Club : 132

P

Peckham Rye
- Frank's Café and Campari Bar : 110
- South London Gallery : 51

Piccadilly Circus
- Berwick Street Market : 120
- Fortnum & Mason (salon de thé) : 206
- Hatchards (librairie) : 206
- Piccadilly Circus : 213
- red phone box : 216
- Royal Academy of Arts : 216
- The Allies (statue) : 101
- The Comedy Store : 72

Pimlico
- William Huskisson (statue) : 107

Pontoon Dock
- Thames Barrier Park : 16

Putney
- The Boat Race : 190

Q

Queen's Park
- Paradise by Way of Kensal Green : 150
- Queens Park Farmers' Market : 127

R

Richmond
- Ham House : 81
- Richmond Park : 169

Rotherhithe
- Brunel Museum : 8

Russell Square
- Bloomsbury Bowling Lanes : 67
- cabmen's shelter : 211
- Charles Dickens Museum : 37
- Coram's Fields : 163

S

Seven Sisters Road
- Parkland Walk : 168

Shepherd's
- Ginglik : 65

Shoreditch High Street
- Albion : 130
- Beigel Bake : 122
- Brick Lane Market : 122
- The Vintage Emporium : 141

Sloane Square
- Carlyle's House : 39
- Chelsea Physic Garden : 163
- Partridges Food Market : 121
- Penhaligon's (parfumerie) : 202
- Royal Hospital Chelsea : 89

Southfields
- Wimbledon Lawn Tennis Museum : 56

South Kensington
- Michelin House, Bibendum Restaurant : 93
- Victoria & Albert Museum : 218

Stamford Brook
- Chiswick Mall : 14
- Eyot Island : 14

St James's Park
- Buckingham Palace : 218
- Churchill War Rooms : 60
- Crime Museum : 60

St Paul's
- Guidhall (parade de) : 194
- One New Change : 112
- Postman's Park : 160
- St Bride's Church : 175
- St Paul's Cathedral : 178

Stroke Newington
- Abney Park Cemetery : 182

Sunbury
- Swan Upping : 196

T

Temple
- Royal Courts of Justice : 92, 191
- Royal National Lifeboat Institution : 5
- Savoy : 138
- Somerset House : 96
- Temple Bar Memorial : 102
- Temple Church : 172
- The Courtauld Gallery : 142
- Twinings Tea Museum and Shop : 201

Tottenham Court Road
- Cartoon Museum : 55
- Phoenix Garden : 161
- Ray's Jazz Café : 142

Tower Hill
- St Katharine Docks : 18
- The Dickens Inn : 18
- Tower Bridge : 115
- Tower of London : 197
- Wilton's Music Hall : 63

Turnham Green
- Hogarth's House : 42

Twickenham
- Eel Pie Island : 10

V

Vauxhall
- Battersea Power Station : 11
- Nine Elms Pier : 11
- Tate Boat : 6
- The Battersea Barge : 11
- The Renaissance Rooms, Roller Disco : 68
- Tideway Village : 11
- Vauxhall City Farm : 166

Victoria
- Buckingham Palace : 218

W

Walthamstow Central
- William Morris Gallery : 42

Wapping
- Execution Dock : 16
- Thames River Police Museum : 5
- The Captain Kidd : 16
- The Project of Whitby : 149
- The Wapping Project : 45
- Town of Ramsgate : 149

Warwick Avenue
- Canal Café Theatre : 71
- Jason's Trip : 28
- Jessie : 26
- Little Venice : 26
- Waterside Café : 28

Waterloo
- British Film Institute : 72
- London Eye : 212
- RIB Voyages, speed boats : 13
- The Old Vic Tunnels : 74

West Brompton
- Brompton Cemetery : 181
- Empress State Building : 214
- Scotland Yard : 214

Westferry
- The Grapes : 149

West India Quay
- Museum of London Docklands : 21
- St Peter's Barge : 171

Westminster
- Big Ben : 210
- Churchill War Rooms : 60
- Emmeline Pankhurst (statue) : 103
- Parliamentary Pancake Race : 198
- Victoria Tower Gardens : 198
- Westminster Abbey, Poet's Corner : 184

West Norwood
- West Norwood Cemetery : 183

Whitechapel
- Spitalfields City Farm : 166
- Tayyab's : 135
- Whitechapel Gallery : 48

Wimbledon Park
- Wimbledon Farmer's Market : 127
- Wimbledon Lawn Tennis Museum : 56

Woolwich Arsenal
- Greenwich Heritage Centre : 22
- Royal Artillery Museum : 22

Index thématique

A

architecture
- Art déco : 81, 94, 138, 216
- Art nouveau : 93
- bâtiment. *Voir bâtiment remarquable*
- Chiswick Mall (villas) : 14
- cimetière. *Voir cimetière*
- complexe résidentiel : 90
- gothique : 63, 164, 184
- industrielle : 16, 45, 96
- moderne : 88
- moderniste : 96
- néoclassique : 96, 98
- néogothique : 90, 92
- quartier des affaires : 23
- site religieux : 164, 175, 178
- Stuart : 81, 82, 84
- Tudor : 82, 94, 167
- victorienne : 8, 40, 91, 92, 170, 182, 184

art
- Arts & Crafts : 42
- arts décoratifs : 40, 42, 52
- arts visuels : 47
- atelier d'artiste : 10, 128
- bande dessinée : 55
- contemporain : 23, 45, 48, 51, 99, 100, 105
- design : 24
- égyptien : 106
- exposition. *Voir musée et galerie*
- futurisme : 47
- gravure murale : 6
- moderne : 30, 48, 51, 177
- moraliste : 42
- performance : 50
- photographie : 47
- préraphaélite : 40
- statue. *Voir statue*
- Street Art : 48

balade
- bateau-bus : 2
- croisière sur la Tamise : 3
- Hammersmith : 13
- kayak : 30
- Parkland Walk : 168
- Regent's Canal : 28
- St Katharine Docks : 18
- Street Art : 48
- vélo : 30

B

bar
- Booking Office Bar : 90
- Bourne & Hollingsworth : 152
- Circus : 70
- Frank's Café and Campari Bar : 110
- Gordon's Wine Bar : 147
- Proud Camden : 67
- The American Bar : 154
- The Doodle Bar : 148
- The Mayor of The Scaredy Cat Town : 148
- The Old Police Station : 50
- The Windmill : 65
- The Zetter Townhouse : 150
- Vertigo 42 : 108

bateau
- bateau-bus : 2
- Cutty Sark : 4
- Doggett's Coat and Badge : 192
- HMS Belfast : 20
- péniche. *Voir péniche*
- RIB Voyages, speed boats : 13
- St Katharine Docks : 18
- Tate Boat : 6
- The Boat Race : 190
- The Golden Hinde : 17
- The Great River Race : 8

bâtiment remarquable
- Barbican Estate : 90
- City Hall : 114
- Container City : 96
- Lloyd's of London : 88
- Royal Courts of Justice : 92
- Royal Hospital of Chelsea : 89
- Somerset House : 96
- St Pancras International : 90

bibliothèque. *Voir librairie et bibliothèque*

boulangerie et pâtisserie
- Primrose Bakery : 145
- Rose Bakery : 137
- St John Bakery : 124

C

cabaret
- Circus : 70
- Ginglik : 65
- St Paul's Church, Covent Garden : 176
- The Battersea Barge : 11
- Wilton's Music Hall : 63

café
- Blueprint Café : 24
- Brill : 141
- Candid Café : 140
- Coram's Fields : 163
- Daylesford Farmshop & Café : 144
- Frank's Café and Campari Bar : 110
- Grand Café : 98
- Ray's Jazz Café : 142
- St Barholomew-the-Great : 176
- St Martin-in-the-Fields : 177
- The Counter Café : 30
- The Courtauld Gallery : 142
- The Deptford Project : 142
- The Poetry Café : 71
- Towpath Café : 27
- Waterside Café : 28

cimetière
- Abney Park Cemetery : 182
- Brompton Cemetery : 181
- Bunhill Fields : 181
- Highgate Cemetery : 184
- Hyde Park's Pet Cemetery : 183
- Kensal Green Cemetery : 180
- Westminster Abbey, Poet's Corner : 184
- West Norwood Cemetery : 183

cinéma
- British Film Institute : 72
- Harry Potter : 95, 178
- Hitchcock, Alfred : 107
- James Bond : 13, 96
- Quatre mariages et un enterrement : 176
- salle de cinéma : 69, 70
- Shakespeare in love : 176
- Titanic : 207

concert et spectacle
- Bloomsbury Bowling Lanes : 67
- Canal Café Theatre : 71
- Circus : 70
- Electroacoustic Club : 62
- Ginglik : 65
- Holy Tinity Church in Dalston : 178
- Northampton Square Garden : 66
- Proud Camden : 67
- Ray's Jazz Café : 142
- Rough Trade East : 65
- Sadler's Wells Theatre : 71
- St Martin-in-the-Fields : 177
- The Battersea Barge : 11
- The Comedy Store : 72
- The Nightjar : 64
- The Old Vic Tunnels : 74
- The Windmill : 65
- Towpath Café : 27
- Union Chapel : 63
- Wilton's Music Hall : 63

course
- Doggett's Coat and Badge : 192
- Parliamentary Pancake Race : 198
- The Boat Race : 190
- The Goat Race : 190

curiosité
- Broad Street Pump : 102
- bus à impériale rouge : 214
- cabmen's shelter : 211
- Ginglik : 65
- Guidhall Art Gallery : 46
- Holy Tinity Church in Dalston, clown : 178
- red phone box : 216
- Secret Cinema : 70
- St Paul's Cathedral, triforium : 178
- The Mayor of The Scaredy Cat Town : 148
- The Roof Gardens : 162
- Wesley's Chapel, toilettes : 170

D

docks
- Docklands : 8, 21, 22, 171
- Execution Dock : 16
- Museum of London Docklands : 21
- St Katharine Docks : 18
- St Mary Overie Dock : 17
- St Peter's Barge : 171
- Thames Barrier : 16
- Wapping : 16

E

enfant
- Cartoon Museum : 55
- Coram's Fields : 163
- Little Angel Theatre : 75
- magasin de jouets : 208
- marionnettes : 75
- Mudchute Park & Farm : 166
- Peter Pan (statue) : 100
- Pollock's Toy Museum : 53
- The Golden Hinde : 17

F

famille royale
- Buckingham Palace : 218
- Clarence House : 84
- Hampton Court Palace : 82

- Swan Upping : 196
- Tower of London : 197
- Trooping the Colour : 196

ferme. *Voir zoo et ferme*

fête et tradition
- Bonfire Night : 194
- Ceremony of the Keys : 197
- danses traditionnelles : 64, 192
- Frost Fairs : 6
- Guidhall (parade de) : 194
- Horseman's Sunday : 193
- Hot Cross Bun Ceremony : 199
- Lord Mayor's Show : 191
- Parliamentary Pancake Race : 198
- Pearly Kings & Queens Harvest Festival : 194
- Swan Upping : 196
- Trafalgar Day Parade : 200
- Trooping the Colour : 196
- Yeomen Warders : 197

G

galerie. *Voir musée et galerie*

galerie commerçante
- Burlington Arcade : 91
- Hay's Galleria : 18
- Liberty : 94
- One New Change : 112
- The Royal Exchange : 98
- The Royal Shopping Arcade : 203

guerre
- Churchill War Rooms : 60
- marine. *Voir Marine royale*
- Royal Artillery Museum : 22

H

hôtel
- Berkeley : 138
- Brown's Hotel : 138
- Claridge's : 138
- Eel Pie Hotel : 10
- Jessie (péniche) : 26
- Renaissance Hotel : 90
- Sanderson : 138
- Savoy : 138
- Tafford Hotel : 154
- The Berkeley : 111
- The Ritz : 138
- The Zetter Townhouse : 150

I-J

île
- Eel Pie Island : 10
- Eyot Island : 14
- Little Venice : 26, 28

industrie
- Container City : 96
- Cutty Sark : 4
- Greenwich Heritage Centre : 22
- Museum of London Docklands : 21
- Wapping Hydraulic Power Station : 45
- Whitechapel Bell Foundry : 210

jardin. *Voir parc et jardin*

L

librairie et bibliothèque
- Banner Repeater : 50
- British Film Institute, médiathèque : 72
- British Library : 89

- Foyles : 142
- Hatchards : 206
- péniche : 28
- Photographer's Gallery : 47
- St Paul's Cathedral : 178

littérature
- café littéraire : 71
- Carlyle, Thomas : 39
- Da Vinci Code : 172
- Dickens, Charles : 37
- dictionnaire : 37
- Holmes, Sherlock : 58
- japonaise : 43
- Keats, John : 39
- poésie : 39, 71
- sépulture : 181, 184

M

magasin et boutique
- A.Gold (épicerie) : 208
- Asprey (joaillerie) : 207
- Bates (chapelier) : 204
- Berry Bros. & Rudd (caviste) : 207
- Brill (disquaire) : 141
- Charbonnel et Walker (chocolatier) : 203
- Daylesford Farmshop (épicerie) : 144
- Drink, Shop & Do (design) : 140
- Hamleys (jouets) : 208
- Hatchards (librairie) : 206
- James Smith & Sons (parapluies) : 204
- Lock & Co (chapelier) : 204
- Neals Yard Dairy (fromagerie) : 203
- Penhaligon's (parfumerie) : 202
- péniche : 28
- Smythson (papeterie) : 206
- Street Market (mode) : 137
- The Vintage Emporium (vêtements) : 141
- Twinings (thé) : 201
- Vintage Heaven (antiquités) : 128

maison d'artiste
- Dennis Servers' House : 36
- Hogarth's House : 42
- Leighton House Museum : 40
- Linley Sambourne House : 40
- William Morris Gallery : 42

maison d'écrivain
- Carlyle's House : 39
- Charles Dickens Museum : 37
- Dr Johnson's House : 37
- Keats House : 39
- Sōseki Museum : 43

manoir. *Voir palais et manoir*

marché
- Berwick Street Market : 120
- Billingsgate Market : 122
- Borough Market : 131
- Brick Lane Market : 122
- Brixton Market : 123
- Broadway Market : 127
- Camden Lock Market, West Yard : 124
- Columbia Road Flower Market & Shops : 128
- Maltby Street Market : 124
- Parliament Hill Farmers' Market : 127
- Partridges Food Market : 121
- Queens Park Farmers' Market : 127
- Smithfield Market : 121

- Wimbledon Farmer's Market : 127

Marine royale

- amiral Nelson : 200
- HMS Belfast : 20
- Hot Cross Bun Ceremony : 199
- National Maritime Museum : 24
- Old Royal Naval College : 24, 155
- Trafalgar Day Parade : 200

médecine. *Voir sciences et médecine*

monument

- BBB Broadcasting House : 216
- Big Ben : 210
- Cleopatra's Needle : 106
- Guy's Hospital : 12
- London Eye : 212
- Monument : 110
- Piccadilly Circus : 213
- Shell Mex House : 94
- Thames Barrier : 16
- Wellingon Arch : 93

musée et galerie

- Apsley House, The Wellington Museum : 87
- Bank of England Museum : 53
- Banner Repeater : 50
- British Museum : 106
- Brunel Museum : 8
- Canary Wharf : 23
- Cartoon Museum : 55
- Churchill War Rooms : 60
- Crime Museum : 60
- Eel Pie Island : 10
- Estorick Collection : 47
- Forman's Smokehouse Gallery : 30
- Gagosian Gallery : 45
- Geffrye Museum : 52
- Grant Museum Zoology : 57
- Guidhall Art Gallery : 46
- Hard Rock Café : 57
- History of the Metropolitan Police : 214
- HMS Belfast : 20
- Institute of Contemporary Arts : 51
- London Transport Museum : 214
- Museum of Brands, Packaging and Advertising : 55
- Museum of London Docklands : 21
- National Gallery : 44
- National Maritime Museum : 24
- péniche : 28
- Petrie Museum of Egyptian Archaeology : 56
- Photographers' Gallery : 47
- Pollock's Toy Museum : 53
- Pump House Gallery : 47
- Quadriga Gallery : 93
- Royal Artillery Museum : 22
- Royal Observatory : 112
- Shakespeare's Globe Theatre Museum : 54
- Sir John Soane's Museum : 38
- Smythson : 206
- South London Gallery : 51
- Tate Britain : 6
- Tate Modern : 6
- Thames River Police Museum : 5
- The Courtauld Gallery : 142
- The Crypt Gallery, St Pancras Church : 174
- The Old Operating theatre Museum : 58

- The Old Police Station : 50
- The Wapping Project : 45
- Twinings Tea Museum and Shop : 201
- Victoria & Albert Museum : 218
- Village Underground : 48
- Whitechapel Gallery : 48
- Wimbledon Lawn Tennis Museum : 56

musique
- Brill : 141
- concert. *Voir concert et spectacle*
- Eel Pie Island : 10
- Hard Rock Café : 57
- jazz : 64
- kiosque à musique : 66
- Pink Floyd : 11
- rock : 63
- Rough Trade Records : 65
- sépulture : 184
- traditionnelle : 64
- Trinity Buoy Wharf (phare) : 15

P

palais et manoir
- Apsley House : 87
- Banqueting House : 84
- Buckingham Palace : 218
- Chiswick House : 83
- Clarence House : 84
- Eltham Palace : 81
- Ham House : 81
- Hampton Court Palace : 82
- Lambeth Palace : 86
- Mansion House : 83

parc et jardin
- Abney Park Cemetery, arboretum : 182
- Barbican Conservatory & Garden Room : 161
- Battersea Park : 47
- Camley Street Natural Park : 31
- Chelsea Physic Garden : 163
- Chiswick House : 83
- Chiswick Mall : 14
- Coram's Fields : 163
- Finsbury Park : 168
- Greenwich Park : 112
- Hampstead Heath : 168
- Highgate Wood : 166
- Holland Park, Kyoto Garden : 164
- Hyde Park : 183, 193, 198
- Island Gardens : 22
- Joseph Grimaldi Park : 178
- Kensington Gardens : 100
- Lincol's Inn : 167
- London Fields : 127
- Mudchute Park & Farm : 166
- Northampton Square Garden : 66
- Parkland Walk : 168
- Phoenix Garden : 161
- Pimlico Garden : 107
- Postman's Park : 160
- Primrose Hill : 111
- Regent's Park : 28, 75
- Richmond Park : 169
- Springfield Park : 30
- St Dunstan-in-the-East : 164
- Thames Barrier Park : 16
- The Roof Gardens : 162
- Victoria Embankment Gardens : 3, 12
- Victoria Park : 12, 30
- WWT London Wetland Centre : 3

passage couvert
- Burlington Arcade : 91
- Leadenhall Market : 95

pâtisserie. *Voir Voir Boulangerie et pâtisserie*

péniche
- boutique : 28
- église : 171
- hôtel : 26
- librairie : 28
- location : 31
- restaurant : 11

phare : 15

pirate : 5, 16, 17, 149

police
- Crime Museum : 60
- History of the Metropolitan Police : 214
- Scotland Yard : 60, 214
- services secrets : 13
- Sherlock Holmes Museum : 58
- Thames River Police Museum : 5
- The Old Police Station : 50

politique
- City Hall : 114
- exécution : 12
- hôtel de ville : 83, 114
- Huskisson, William : 107
- Lord's Mayor Show : 191
- Premier ministre : 84
- sépulture : 184

pont
- London Bridge : 12
- Millennium Bridge : 89
- Old London Bridge : 12
- Southwark Bridge : 6
- Tower Bridge : 115

pub
- Electroacoustic Club : 62
- Faltering Fullback : 154
- Smiths of Smithfield : 121
- The Captain Kidd : 16
- The Dickens Inn : 18
- The Dove : 13
- The George Inn : 152
- The Grapes : 149
- The Holly Bush : 136
- The Jerusalem Tavern : 153
- The Old Brewery : 155
- The Old Ship : 13
- The Paradise by Way of Kensal Green : 150
- The Project of Whitby : 149
- The Slaughtered Lamb : 62
- The Widow's Son : 199
- Town of Ramsgate : 149
- Ye Olde Cheshire Cheese : 146
- Ye Olde Mitre : 147

R

religion
- hindouisme : 171
- Horseman's Sunday : 193
- islam : 172
- Mardi gras : 198
- méthodisme : 170
- Templiers (ordre des) : 172
- Vendredi saint : 199

restaurant
- A.Gold : 208

- Albion : 130
- Beigel Bake : 122
- Bibendum Restaurant : 93
- Booking Office Bar : 90
- Camden Lock Market, West Yard : 124
- Circus : 70
- Clark's : 135
- Daylesford Farmshop & Café : 144
- FARM:shop : 144
- Fifteen : 131
- Galvin at Windows : 115
- Goddards : 135
- Hard Rock Café : 57
- M. Manze : 135
- National Portrait Restaurant : 109
- Roast : 131
- Rules : 134
- St John : 129
- Tayyab's : 135
- The Battersea Barge : 11
- The Breakfast Club : 132
- The Counter Café : 30
- The Fryers Delight : 132
- The Rock & Sole Plaice : 132
- The Roof Gardens : 162
- The Sea Shell of Lisson Grove : 132
- The Wapping Project : 45
- Towpath Café : 27

S

salon de thé

- Berkeley : 138
- Brown's Hotel : 138
- Claridge's : 138
- Drink, Shop & Do : 140
- Fortnum & Mason : 206
- Palm Court : 138
- Primrose Bakery : 145
- Rose Bakery : 137
- Sanderson : 138
- Savoy : 138
- The Vintage Emporium : 141
- Vintage Heaven : 128

sciences et médecine

- Benjamin Franklin House : 43
- Chelsea Physic Garden : 163
- Grant Museum of Zoology : 57
- The Old Operating theatre Museum : 58

site religieux

- BAPS Shri Swaminarayan : 171
- Brick Lane Jamme Masjid : 172
- Christ Church Spitalfields : 175
- cimetière. *Voir cimetière*
- Holy Tinity Church in Dalston : 178
- Notre Dame de France : 177
- St Barholomew-the-Great : 176
- St Bride's Church : 175
- St Dunstan-in-the-East : 164
- St John's Church : 193
- St Magnus-the-Martyr : 12
- St Martin-in-the-Fields : 177
- St Pancras Church : 174
- St Paul's Cathedral : 178
- St Paul's Church, Covent Garden : 176
- St Peter's Barge : 171
- Temple Church : 172
- Union Chapel : 63
- Wesley's Chapel : 170

spécialités culinaires
- bagel : 122, 132, 141
- bière : 153, 155
- britanniques : 131, 136, 147
- carrot cake : 137
- chocolat : 203
- crumble : 137
- cupcake : 145
- curry : 124, 135
- devilled kidneys : 130
- doughnut : 124
- English breakfast : 121, 132
- épicerie : 208
- étrangères : 122, 124, 131, 135
- fish & chips : 13, 130, 132
- fromage : 203
- hamburger : 67
- hot cross bun : 199
- pancake : 132
- pie & mash : 135
- sausage & mash : 130
- scone : 138
- shepherd's pie : 130
- sticky toffee pudding : 137
- street food : 120
- sunday roast : 136
- thé. *Voir thé*
- vin : 207
- welsh rarebit : 130
- whisky : 207

spectacle. *Voir concert et spectacle*

sport
- aviron : 190, 192
- bowling : 67
- course. *Voir course*
- football : 22
- kayak : 30
- Roller Disco : 68
- Wimbledon Lawn Tennis Museum : 56

statue
- A Conversation with Oscar Wilde : 103
- amiral Nelson : 200
- Emmeline Pankhurst : 103
- Fourth Plinth Project : 100
- Gormley, Antony : 99
- Hitchcock's Head : 107
- Hoa Hakananai'a : 106
- les sept nez de Soho : 105
- lion d'Abney Park Cemetery : 182
- lions de la Tamise : 3
- Monument to the Unkown Artist : 105
- Nelson's Column : 104
- Peter Pan : 100
- Temple Bar Memorial : 102
- The Allies : 101
- The Griffin : 102
- William Huskisson : 107

T

thé
- histoire : 138
- Mad Hatter's Tea : 138
- salon de thé. *Voir salon de thé*
- Twinings Tea Museum and Shop : 201

théâtre
- humour : 65, 72
- Little Angel Theatre : 75
- marionnettes : 75
- Open Air Theatre : 75
- Shakespeare's Globe Theatre : 54

- St Paul's Church, Covent Garden : 176
- The King's Head Theatre : 74

tour
- Big Ben (Clock Tower) : 210
- Oxo Tower : 109
- Tower 42 : 108
- Tower Bridge : 115
- Tower of London : 197

transport
- bateau-bus : 2, 28
- black cab (taxi) : 211
- bus à impériale rouge : 214
- cabmen's shelter : 211
- Docklands London Railway : 21
- métro, plan original : 218
- péniche (location) : 31
- RIB Voyages, speed boats : 13
- Savoy Court : 212
- Tate Boat : 6
- vélo : 30

tunnel
- Greenwich Foot Tunnel : 22
- tunnel sous la Tamise : 8

Z

zoo et ferme
- Hackney City Farm : 166
- Kentish Town City Farm : 166
- London Zoo : 28
- Mudchute Park & Farm : 166
- Spitalfields City Farm : 166
- Surrey Docks City Farm : 166
- Vauxhall City Farm : 166

Index des personnes citées

A-B

Anne Stuart : 175

Barlow, William Henry : 90

Beatles : 89

Beck, Henry : 218

Bedford, duchesse de : 138

Betjeman John : 184

Blake William : 181

Bond, James : 13, 96

Bowie, David : 65

Brown, Dan : 172

Buckley, Rick : 105

C

Carlyle, Thomas : 39

Carroll, Lewis : 138

Charles, prince : 74, 84

Churchill, Winston : 60, 101, 184, 204, 213

Cocteau, Jean : 177

Coram, Thomas : 163

Croft, Henry : 194

Cromwell, Oliver : 12

D

Darwin, Charles : 184

Defoe, Daniel : 181

Delgado, Pablo : 48

Diana, Lady : 206, 213

Dickens, Charles : 37, 152, 184

Doggett, Thomas : 192

Donaldson, Antony : 107

Doyle, Arthur Conan : 58

Drake, Francis : 17

Dr Johnson : 37

E-F

Eine : 48

Elizabeth II : 196, 218

Elmgreen & Dragset : 100

Finer, Jem : 15

Foster, Norman : 114

Frampton, George : 100

Franklin, Benjamin : 43

G

Gagosian, Larry : 45

Gaulle, Charles de : 216

George III : 89

Goldfinger, Ernö : 96

Gormley, Antony : 99, 100

Grant, Robert : 57

Grimaldi, Joseph : 178

H

Haendel, Georg Friedrich : 89, 184

Hambling, Maggi : 103

Hawksmoor, Nicholas : 175

Henri VIII : 81, 82
Hitchcock, Alfred : 107
Hogarth, William : 42
Holmes, Sherlock : 58
Holofcener, Lawrence : 101
Hooke, Robert : 110
Huskisson, William : 107

J-K

Jack l'Éventreur : 60
Jean d'Angleterre : 191
Keats, John : 39
Kemp, David : 18
Kent, William : 83
Kidd, capitaine : 16
Kindersley, Richard : 6
Kipling, Rudyard : 206

L-M

Landseer, Edwin : 104
Leighton, Frederic : 40
Léonard de Vinci : 89
Moore, Albert : 109
Morris, William : 40, 42

N-O

Nagel, Christian : 48
Nelson, Horatio (dit amiral Nelson) : 24, 200, 204
Newton, Isaac : 184
Oliver, Jamie : 131

P

Pankhurst, Emmeline : 103, 181
Peel, Robert : 214
Penhaligon, William Henry : 202
Petrie, William Flinders : 56
Pink Floyd : 11
Potter, Beatrix : 181

R-S

Richard, Rogers : 88
Roa : 48
Roosevelt, Franklin : 101
Sambourne, Linley : 40
Schütte, Thomas : 100
Severs, Dennis : 36
Shakespeare, William : 75, 89, 152, 184
Shonibare, Yinka : 100
Snow, John : 102, 181
Soane, John : 38
Sōseki, Natsume : 43
Sotheby Samuel Leigh : 181
Spacey, Kevin : 74
Stick : 48

T-W

Tate, Henry : 183
Twining, Thomas : 201
Wellesley, Arthur : 87
Wilde, Oscar : 103, 206, 184
Wren, Christopher : 24, 110, 175, 178

Londres, au fil de l'eau

(voir pages 1 à 33)

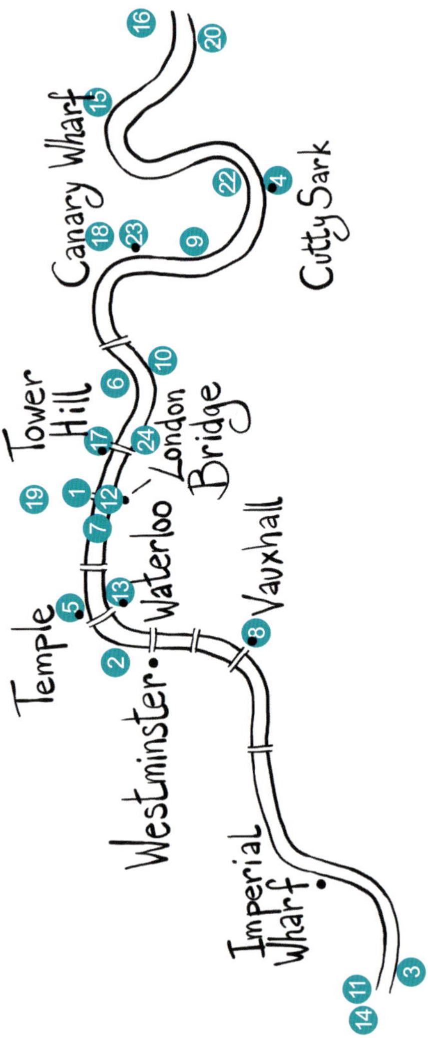

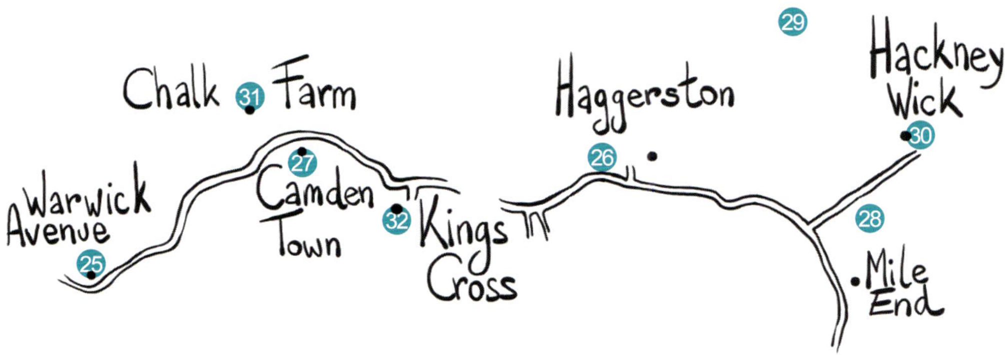
Chalk
31
Farm
Haggerston
29
Hackney
Wick
30
27
Camden
Town
26
Warwick
Avenue
32
Kings
Cross
28
25
Mile
End

Le rendez-vous des artistes

(voir pages 35 à 77)

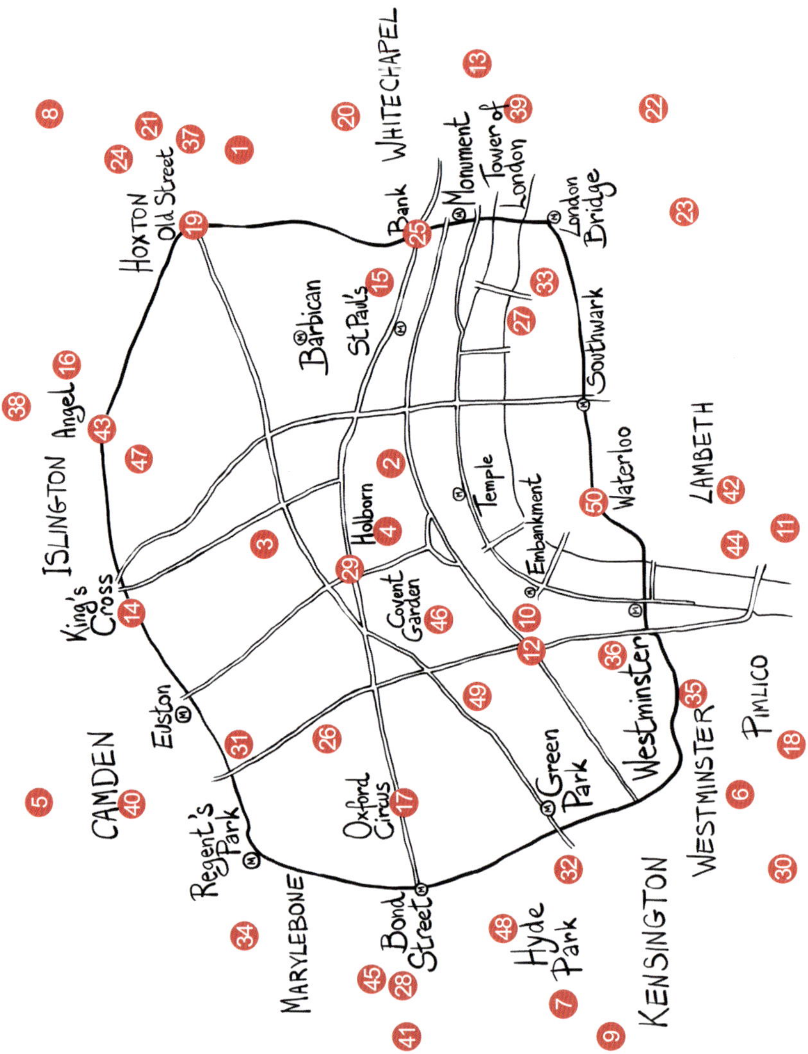

Trésors d'architecture

(voir pages 79 à 117)

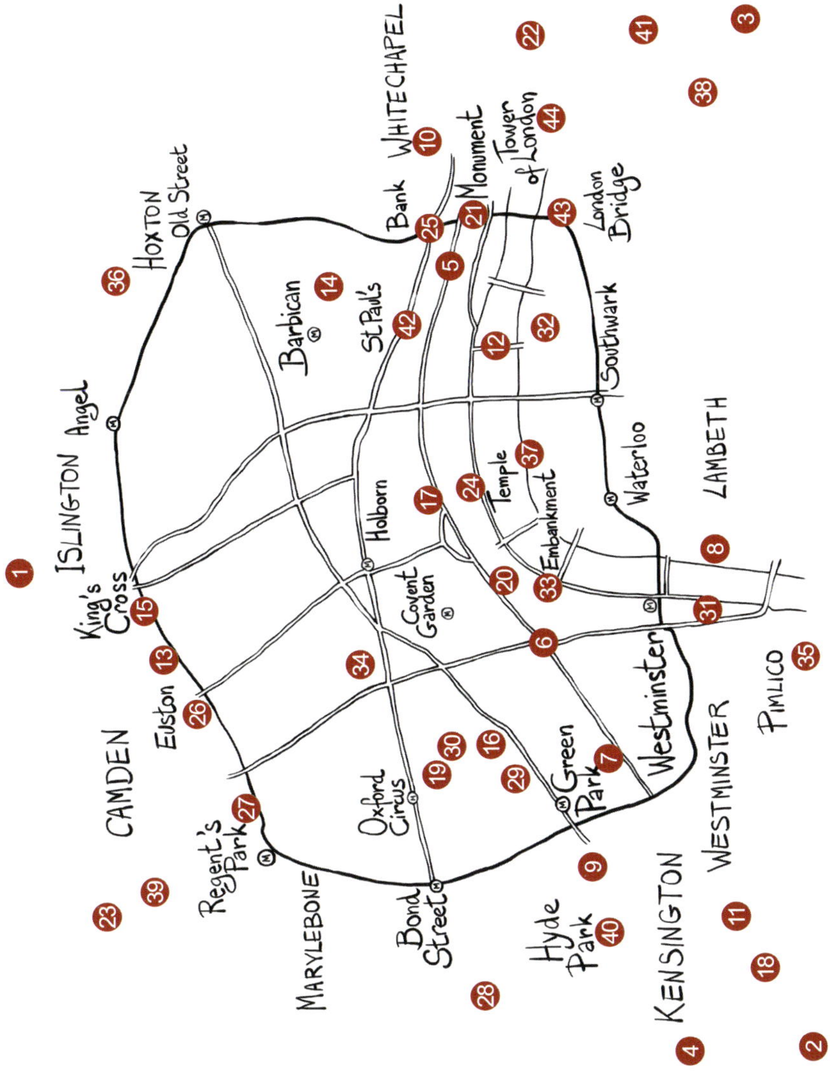

Destinations gourmandes

(voir pages 119 à 157)

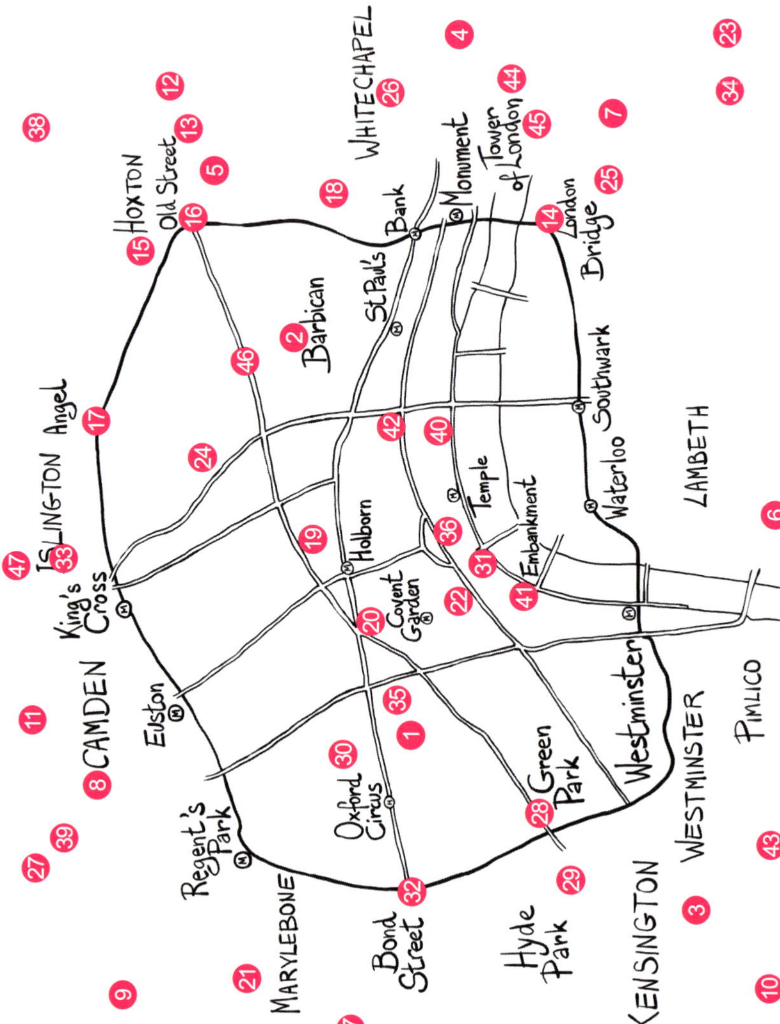

Au calme dans la ville

(voir pages 159 à 187)

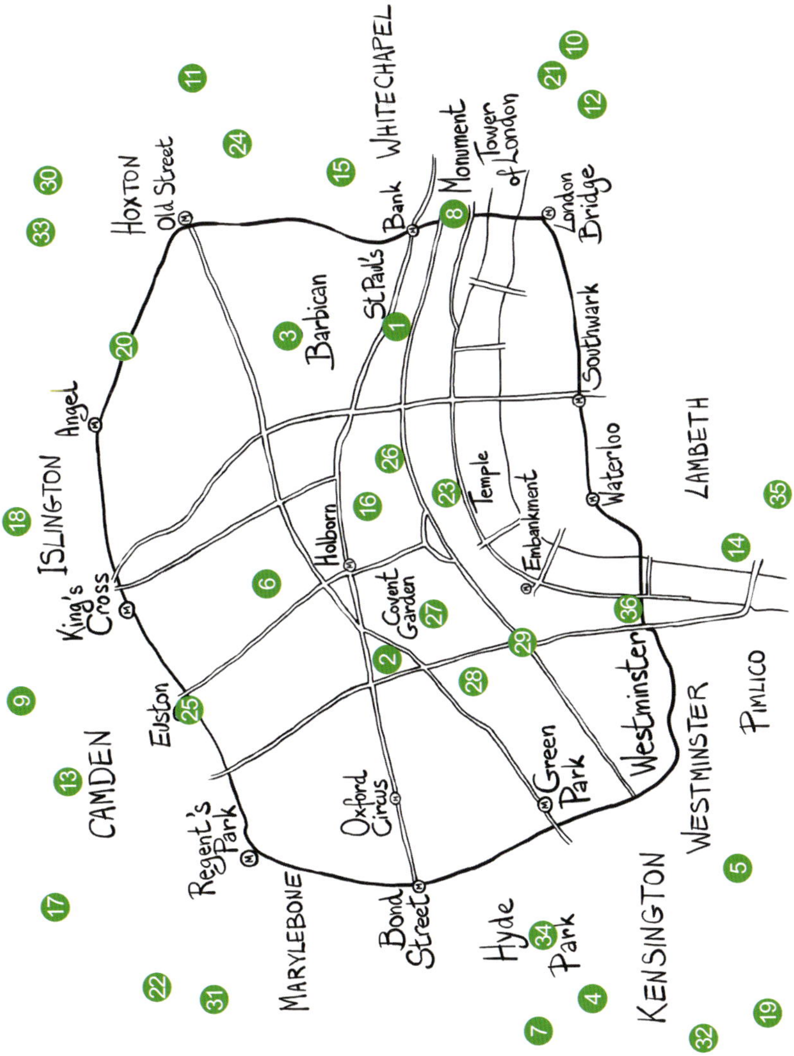

So British!

(voir pages 189 à 221)

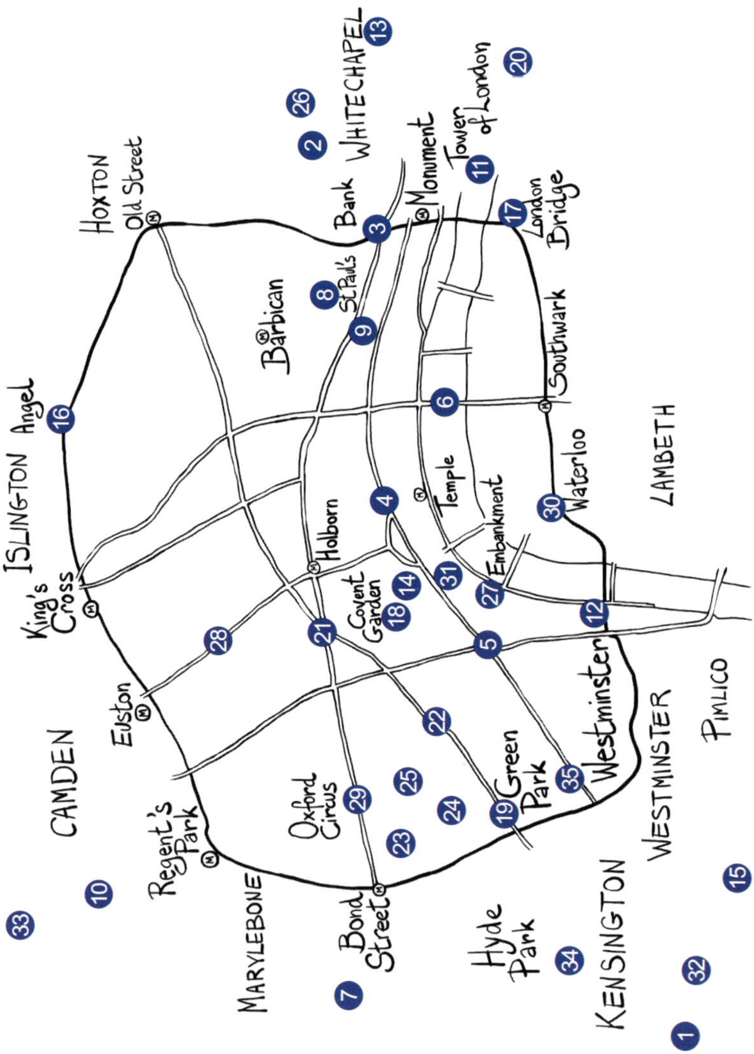

TEA
Lord
DOG SAVE THE QUEEN
TEA
ASSAM

L'auteur

Amandine Greiner est une Française expatriée à Londres depuis près de six ans. Son passe-temps favori : explorer la capitale londonienne dans ses moindres recoins, à la recherche de ses secrets et endroits insolites. En 2013, elle lance la création de *Londres à la carte*, son agence de voyage qui propose de découvrir la ville autrement, hors des sentiers battus.

L'illustratrice

Remarquée pour ses carnets de voyage, **Lise Herzog** a travaillé pour Nathan, Milan, La Martinière Jeunesse et les éditions Ouest-France. On lui doit également les illustrations de *Marché de saison* ; *Paris, secrets de Parisiens* ; *Bretagne, secrets de Bretons* ; *1001 secrets sur le thé* ; *Alsace, secrets d'Alsaciens* ; *Provence, secrets de Provençaux* ; *Corse, secrets de Corses*… chez Prat Éditions.

Crédits photographiques

Crédits de couverture : © Zharastudio - Fotolia.com ; © arthurthree - Fotolia.com ; © Beboy - Fotolia.com ; © Grafvision - Fotolia.com ; © tashatuvango - Fotolia.com ; © Jon Arnold/hemis.fr ; © Jon Arnold/hemis.fr ; © MAISANT Ludovic/hemis.fr ; © Amandine Greiner

Photos intérieures :

p. IV-V : © Steve Mann - Fotolia.com
p. VI : © FRUMM John/hemis.fr
p. 1 : © LOOP IMAGES/PHOTONONSTOP
p. 9 : © Steve Vidler/Alamy/Hemis
p. 19, 113, 195, 205, 215 : © Jon Arnold/hemis.fr
p. 29, 34, 143 : © Amandine Greiner
p. 32, 33, 76, 77, 116, 117, 156, 186, 187, 220, 221 : © Régis Grman
p. 35 : © Dinga - Fotolia.com
p. 41 : © Neil Setchfield/Alamy/Hemis
p. 59 : © Takahiro Yumada/Alamy/Hemis
p. 73 : © Editorial/Alamy/Hemis
p. 78 : © Johnny Jones/Alamy/Hemis
p. 79 : © Friedberg - Fotolia.com
p. 85 : © Mike Booth/Alamy/Hemis
p. 97 : © MAISANT Ludovic/hemis.fr
p. 118 : © Cath Harries/Alamy/Hemis
p. 119 : © foodfolio/Alamy/Hemis
p. 125 : © Monica Wells/Alamy/Hemis
p. 133 : © ilpo musto/Alamy/Hemis
p. 151 : © Tim E White/Alamy/Hemis
p. 157 : © Kevers - Fotolia.com
p. 158 : © chrisdorney - Fotolia.com
p. 159 : © DmitriK - Fotolia.com
p. 165 : © fazon - Fotolia.com
p. 173 : © RIEGER Bertrand/hemis.fr
p. 185 : © HAUSER Patrice/hemis.fr
p. 188 : © Axiom/hemis.fr
p. 189 : © alessandro0770 - Fotolia.com
p. 222 : © Carole Fossati
p. 223 : © instantanea2010 - Fotolia.com
Folio : © WawroDesign - Fotolia.com

L'auteur et l'éditeur remercient chaleureusement Kate, Tom, Jonnie, Anika, Katie et David pour leur amicale participation.

Achevé d'imprimer
en avril 2013
par Gorenjski Tisk Storitve
Slovénie